당신이 있는 곳 전방 100m를 밝혀라

돈과 사람을 끌어당기는

부자의 말센스

돈과 사람을 끌어당기는

부자의 말센스

김주하 지음

위즈덤하우스

글을 쓰기 전,
이 책을 읽고 있을 당신을 위해 기도하고 시작합니다.
각자의 입장은 다르겠지만
올해보다 내년이, 내년보다 후년이,
그리고 10년 뒤, 30년 뒤엔 더욱더 잘돼 있기를 바랍니다.

이 책은 사실 탄탄대로를 걷고 있는 분들을 위한 것이 아닙니다.
그보다는 이끌어주는 사람도 없이
힘겨운 현장에서 온몸으로 부딪혀가며 부단히 노력하고,
하나의 팁이라도 얻고자 애쓰는 나의 당신을 위한 책입니다.

당신은 반드시 잘될 것입니다.

반드시 지금보다 더 좋아지고, 풍요로워질 것입니다.
왜냐하면 항상 노력하고 공부하며
답을 찾고 있기 때문입니다.
생각날 때마다 응원하고 기도하겠습니다.

사.랑.을. 가.득. 담.아.서.

한 달 만에 매출 30배를 올린 주인공, 주하효과 김주하 드림

돈도 사람도 끌어당기는 주하효과 핵심

PROLOGUE

나는 오랜 기간 비즈니스 교육과 컨설팅을 해왔다. 내가 만나는 사람들에게 어떻게 도움을 줄 수 있을지 노력하다 보니 '주하효과'라는 말이 나를 따라다녔다. 감사하게도 '김주하가 손만 대면 돈이 된다'라는 뜻이다. (곧 나오겠지만, 나의 아픔이 키워준 달란트이다.)

처음으로 주하효과라는 애칭을 만들어준 분이 따로 있다. 요즘 TV에 많이 나오며 '개통령'이라고 불리는 강형욱 대표님의 아내분이다. 강형욱 대표님을 처음 봤을 때부터 '대한민국에 이런 분이 있다니!'라는 말이 절로 나올 정도로 반려견 훈련의 전문가였다. 당시 대중에게는 지금처럼 알려지지 않은 상황이었는데, 강아지를 잘 키우고 싶은 분들을 위해서라도 그의 전문성이 세상에 알려질 필요가 있다는 확신이 들었다. 매출보다는 강아지에 훨씬 더 깊은 애정과 관심을 가진 분이다 보니 콘셉트와 시스템, 상담법 등 반려견 훈련 외의 부분을 도와드렸다.

그때 그 아내분이 만들어준 애칭이 '주하효과'다. 놀랍게도 한 달 만에 매출이 30배로 올랐기 때문이다. 과분한 애칭을 선물 받은 이후로 지금까지 수많은 수강생 사이에서 주하효과가 회자된다. 그것의 핵심 중 하나를 꼽으라면 바로 '말센스'다.

사실 나는 유명 연예인도, 그렇다고 유력인사도 아니지만, 순전히 센스 있는 말과, 몸짓이나 표정 같은 비언어 덕에 생각지도 못한 혜택을 입을 때가 많다. 예를 들어, 생각지도 못한 좋은 기회를 얻는다거나 유독 사람들이 친절하게 대한다거나 말하지 않아도 추가 서비스를 받는다거나 하는 등의 혜택 말이다. 말과 비언어를 포함하는 말센스는 사적인 인간관계뿐 아니라 비즈니스에서도 큰 강점으로 작용한다.

말이란 정말 중요하다. 어떻게 말하느냐에 따라 우리의 강점이 전달되기도 하고 그대로 묻히기도 하기 때문이다.

우선 말에 센스가 있으려면, 생각과 관점이 변해야 하고, 아이디어가 변해야 하며, 콘셉트가 바뀌어야 한다.

그래서 사실 주하효과에서 다루는 것들은 말에 담기는 부분도 있지만, 말에 담기지 않는 부분도 있다.

주하효과라는 애칭을 얻기까지, 이론이 아닌 실전에 맞춤한 교육을 한다는 평가를 받기까지 나는 꽤 힘든 시간을 보내왔다. 지금에 와서 돌이켜보면, 성장하며 느꼈던 결핍이 감사하게도 나의 말센스를 발전시키는 원동력이었다.

강의 때 지금의 나를 만든 결핍에 관해 우스개처럼 하는 얘기가 있다. 나의 친아버지는 집을 나가셔서 지금까지 돌아오지 않고 있다. 지금이야 편하게 이야기할 수 있지만, 사춘기 시절 맞이한 '아버지의 부재'는 나에게 크나큰 아픔이었다.

갑자기 실질적인 가장이 되어 당장 생활비를 벌어야 했다. 10대인 내가 할 수 있는 일은 많지 않았고 꽤 오랜 기간 횟집에서 아르바이트를 했다. 일하면서 다양한 손님을 만났다. 좋은 분들이 대부분이지만 가끔 무례한 손님도 있었다. 그런 손님이 속상하게 할 때면 화장실로 뛰어가 실컷 울곤 했다. 그러곤 이렇게 기도했다. '이다음에 지금 겪은 일을 웃으며 말할 수 있도록 성장할게요. 지켜봐 주시고 도와주세요.'

그렇게 화장실에서 나오면 다시 아무 일 없었다는 듯 밝게 웃고 다녔다. 굳이 기분 좋게 식사하러 온 사람들에게 속상했던 내 감정을 전파해서 기분을 망쳐서는 안 된다고 생각했기 때문이다.

당시엔 학생이었기에 집에서 편히 용돈을 받아 쓰는 친구들이나 화목한 가정의 친구들을 보면 너무도 부러웠다. 왜 아빠는 우리를 두고 떠났을까. 사랑하는 사람에게 버림받았다는 감정이 내 무의식에 존재했다.

그러던 어느 날 한 소장님을 만났다. 그분은 마음이 웃어야 진짜 웃을 수 있다며 나에게 이렇게 물으셨다.

"왜 주하 씨한테 그런 일을 겪게 한 것 같나요?"

나는 그때 펑펑 울며 답했다.

"아마도 이다음에 저보다 아픈 사람들 고통을 알라고요."

그 일이 있고 난 후 나는 아버지의 바뀐 휴대폰 번호로 용기를 내어 전화를 걸었다. 이젠 아버지를 많이 이해한다고 말이다. 그러니 앞으로 더 행복하게 사시라고, 낳아주셔서 감사하다는 말을 전해드렸다. 짧은 통화를 끝내고 얼마나 울었는지 모른다. 가슴이 뻥 뚫리는 경험을 하고 나서 나는 비로소 사람들에게 나의 과거를 웃으며 얘기할 수 있는 사람이 되었다.

이제는 과감히 말할 수 있다. 그때의 내가 있었기에 지금의 내가 단단해질 수 있었다고 말이다. 지금도 삶에서 어려움에 직면한 분이 있다면, 꼭 이렇게 얘기해주고 싶다.

'이젠 과거를 재해석할 수 있는 나이가 되었다는 것'을 말이다. 그리고 과거를 어떻게 바라보느냐에 따라 결국 결핍이 우리의 강점이 될 수도 있다는 사실을 말이다.

누구나 살면서 원치 않는 상황에 놓일 때가 있다. 그때 중요한 건 그것을 바라보는 우리의 태도이다. 단기적인 시선에서 장기적인 시선으로 옮겨 바라보면 우리의 고난은 반드시 언젠가 감동 있는 스토리가 되어줄 것이다.

오늘의 나를 만든 또 하나의 씨앗이 있다. 지금은 제주도 매출 1위를 자랑하는 횟집에서 아르바이트한 경험이다. 누군가는 하찮은 일로 치부할 수 있는 그곳에서 나는 많은 것들을 배웠다. 당시 늘 손님의 만족이 우선인 이모(사장님)가 손님들에게 음식을 푸짐하게 주다 보니, 어린 내 생각에도 '이렇게 해서 남는 게 있을까?' 싶었다. 내가 맛보았을 때 제일 맛있는 회는 '갯돔'이었는데(가격도 고가였다) 갯돔이나 스페셜 메뉴를 권하면서 손님의 식사(혹은 서비스) 만족도를 높일 방법은 없을까 궁리하면서 무수히 많은 사람을 연구할 수 있었다. 때로는 주문을 받을 때, 내가 무턱대고 비싼 메뉴를 권해서 손님이 나가버린 적도 있었다. 한번은 단체 손님이 실컷 추천 메뉴에 관해 얘기를 듣더니 마지막에 "그냥 제일 싼 것 주세요" 라고 하는 것이다. 그때마다 나는 '내가 뭐라고 말하면 더 적절했을까?'를 되짚어 봤고, 수정된 화법이 잘 먹히는 것을 보며 짜릿함을 느끼곤 했다. 말센스의 힘을 체험하는 순간이었다. 어떻게 말하느냐에 따라 상대방의 반응이 달라진다는 것을 실감했다.

생각한 대로 일이 풀리지 않으면 늘 '왜'를 떠올렸고

어떻게 말하고 행동해야 할지를 연구했다. 그 결과 주문을 받고 돌아 나오며 몸에 돋는 짜릿한 전율을 느끼기도 했고, "방학이랜 주하 계속 온 댄 햄시난 수족관에 갯돔 하영 받아놔불라"라는 말도 들었다. (번역하자면, 방학이라서 주하가 온다고 하니 수족관에 갯돔을 많이 받아놓으라는 말이다.) 15여 년도 훨씬 전에 하루 평균 8만 원 정도를 팁으로 받았고 알바생 급여라고 하기엔 정말 많은 급여도 받았다.

인정을 받는 만큼 더 열심히 했다. 나날이 손님을 만족시키는 법, 사람의 마음을 움직이는 법, 사람의 심리를 꿰뚫는 법 등을 터득해나갔다. 모든 사업의 시작은 사람이라고 하듯 그때 배운 비법들은 지금 내가 하는 일의 초석이 되었다.

고립된 인간으로 살지 않는 한 우리는 대면이든 비대면이든 수많은 사람과 얽히고설켜 살아간다. 이 책에는 주로 내가 직접 경험하거나 수강생이 겪은 사례를 통해 말센스가 무엇인지, 어떤 효과가 있는지, 그것이 내 삶을 어떻게 바꿀 수 있는지를 짐작할 수 있게 했다.

최근 유행한 바이러스 영향으로 언택트untact 사회로 방향이 전환될 것이라고 말한다. 재택근무가 늘어나고 필요한 물건은 온라인으로 주문해 택배로 받기 일쑤다. 사람과 마주칠 일이 없으니 소통은 더 수월해질까? 갈수록 늘어나는 비대면 문화 속에서도 말센스는 중요하다.

얼마 전 한 백화점이 손님이 줄자 SNS 라이브방송을 통해 제품을 판매하는 '커머스 채널'을 만들었다. 결과는 놀라웠다. 40여 분 동안 약 1만여 명의 소비자들이 의류몰에 접속했고, '10일간의 평균 매출에 맞먹는 매출'을 '단 몇 시간 만에' 올리는 성공을 거뒀다. 앞으로 더 확산될 비대면 방식에서조차도 '사람들을 집중시키는 말센스'와 '제스처'는 중요하다는 것을 잘 보여준다. 채팅창으로 올라오는 고객과의 소통을 잘 끌어내기 위해서도 마찬가지다.

전자상거래의 거인 '아마존'에서 '젤라틴·푸딩 부문 매출 1위'를 찍은 한국인 대표의 비결 또한 다르지 않았다. 그녀의 성공 전략은 손 글씨로 적은 엽서였다. 모든 제품에 대표가 직접 손으로 쓴 엽서를 넣었다. 고객들이 궁금해하는 내용뿐만 아니라 감사 인사를 담았다. 그 결과, 아날로그 감성이 듬뿍 담긴 손 글씨는 미국 소비자들에게 '달달하다'라는 후기를 끌어냈고 그때부터 입소문을 타기 시작해 매출 상승으로 이어졌다. 직접 얼굴을 보고 소통하지 않는 언택트 사회에서도 말센스는 빛을 발해 더 큰 차이를 만들 것이다.

현재까지 수많은 수강생이 말센스 교육과 브랜딩, 마케팅 교육을 거쳐갔다. 말센스는 타고난다고 생각하는 사람들이 많지만 길러지는 것이다. 근육을 키우듯 갈고닦으면 말센스는 반드시 좋아진다. 물론 교육한다고 해서 모든 사람이 다 좋아지는 것은 아니다. 내 것으로 만들려면 단순히 듣고 지나치는 것이 아니라 행동으로 옮겨야 한다. 그래서 나는 강의 때마다 익히고 실천할 것을 강조한다.

말센스의 실천을 강조한 덕에 무수히 많은 분이 매출 규모나 성장에서 놀라운 결과를 얻었다. 빛이 있는 상태에서 수업을 들었다가 직원 80명을 둔 몇백 억대 매출을 일으키는 회사의

CEO가 된 분, 퍼스널브랜딩을 통해 '평범한 부동산업'에서 '부동산 시행업체'로 성장해서 한 달에 9억 8천만 원을 번 분도 있다. 500개 지점 중에서 전국 매출 1등 지점의 주인공이 된 분, 회사에서 높은 관리자로 승진한 분, 월 순수익 2억 달성, 소소하게는 본인의 '신기록 갱신'까지… 소상공인으로서 대단한 성과들이다. 실화인가 싶을 만큼 기적 같은 일이다.

그 비법이 뭐냐고 묻는다면, 바로 '남다른 콘셉트와 남다른 말센스'이다. 사람들은 익숙한 것을 그리 좋아하지 않는다. 늘 새로운 것에 흥미를 느끼고 반응한다. 신선한 곳이 있다면 더 많이 찾게 되고, 자연히 그쪽으로 관심이 쏠린다. 남다른 말센스의 효과는 이미 검증되었다. 실천하느냐 안 하느냐는 당신에게 달렸다.

물론 이 책에서 말하는 부자가 꼭 돈을 많이 번 것을 의미하지는 않는다. 주변에 사람이 많아 행복지수가 높다면 그 사람은 관계 부자이고, 하나의 현상을 다각도로 볼 수 있다면 그 사람은 관점 부자이다. 그리고 그것들을 사업에 접목해 물질적인 풍요를 얻을 수도 있다.

가끔 돈에 대해 좋지 않은 인식을 가진 분들을 만난다. 하지만 돈 그 자체는 좋고 나쁨이 없다. 내가 어떻게 쓰느냐에 달려 있기 때문이다. 지금 이 책을 읽는 당신이 말센스를 통해 지금보다 더 많이 벌어서 '주변에 많이 베푸는 삶'을 살기를 소망한다.

그러기 위해 다음 장부터 펼쳐지는 생각과 관점, 콘셉트의 변화, 매출을 올리는 말센스, 관계 부자가 되는 말센스 등 다양한 이야기 속으로 함께 떠나보자.

부자의 생각과 관점

PART 1

돈 버는 사람들의 은밀한 말센스

PART 2

PART 3

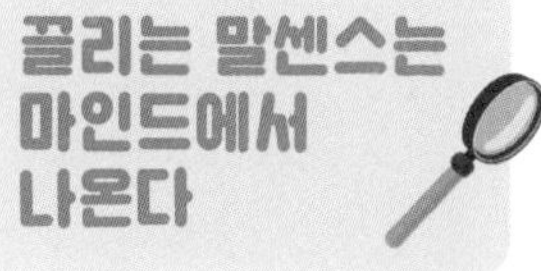

PART 4

PART 1

부자의 생각과

관점

'조 단위 부자'가 알려준 부자 되는 법

내가 만난 최고의 부자는 조 단위 자산가였다. 한국 사람이지만 어릴 때 가족이 미국으로 이민을 가 그곳에서 자리 잡은 분이었다. 딱 한 번 만난 것이 전부였고 따로 친분도 없지만, 그가 해준 말은 너무 인상적이어서 지금까지 뇌리에 남아 있다.

한마디로 요약하면, "많은 사람을 이롭게 해야 성공한다"였다.

누구나 부자 되기를 꿈꾸지만 아무나 이룰 수 있는 꿈은 아니다. 큰 부자가 되려면 좀 더 많은 사람에게 영향을 미쳐야 한다는 것이다.

예를 들어, 전 세계 사람들이 동시에 같은 물건을 쓸 수 있도록 수단을 제공한 아마존이라든가, 음악과 동영상 등을 사거나 공유할 수 있는 애플과 유튜브 같은 곳이 큰 부를 이룬 원리가 바로 이 때문이다. 그 외에도 새로운 약을 개발해서 아픈 이들에게 제공하는 것처럼 말이다.

이렇듯 좀 더 많은 사람에게 좋은 것을 제공해주거나 혹은 그곳에 투자하는 방식으로 참여했을 때 그에 대한 보상으로 받는 것이 '부富'라고 말했다. 여기에 나는 한 가지를 덧붙이고 싶다.

'부를 부르는 말센스'를 어떤 곳, 어떤 환경에서 쓰느냐에 따라 부의 크기가 달라진다는 것이다. 쉽게 말해서 같은 말센스라도 천 원을 벌 수 있는 환경에서 쓰면 천 원을 벌게 되고, 천만 원을 벌 수 있는 환경에서 쓰면 천만 원을 벌게 된다는 뜻이다.

같은 말센스여도 천 원짜리 말센스가 될지 천만 원짜리 말센스가 될지는 지금 내가 서 있는 곳이 어딘지에 달려 있다.

말센스를 발휘할 환경이 중요하다

아버지의 가출로 나는 홀어머니를 모시고 성장했다. 어머니를 호강시켜드리고 싶다는 열망이 강했다. 어떻게 하면 부유해질 수 있는지에 대해 관심이 많았고, 그런 사람들을 많이 찾아다니며 비결을 물어보곤 했다. 그래서인지 꽤 많은 부를 축적한 사람들을 많이 만났다.

저마다의 비결은 달랐지만, 그중에 인상 깊었던 몇 가지를 공유해보고 싶다.

우리가 사업을 하는 이유는 보통 돈을 더 많이 벌기 위해서다. 그런데 막상 현실은 '인건비, 월세, 세금' 등을 제하고 나면 만족할 만한 수익을 내기가 쉽지 않다. 그 이유는 뭘까? '스스로 고객층을 한정'하고 있거나 '남들과 비슷한 방식으로 운영'하는 것이 원인일 수 있다.

내가 만난 부자들은 그 출발점부터 달랐다. 그들은 처음부터 전 국민 혹은 전 세계인을 대상으로 제공할 수 있는 상품을 고르고, 환경을 만들어나갔다. 그리고 같은 아이템이라 하더라도 어떻게 하면 반경을 더 넓힐 수 있을지를 연구하는 공통점이 있었다. 쉽게 말해 대상이 넓을수록 더 많은 기회가 만들어진다.

어찌 보면 당연한 말처럼 들릴지도 모른다. 그러나 막연히 생각하는 것과 선택하여 행동에 옮기는 것은 다르다. 머릿속으로 생각만 할 뿐 선택은 내가 당장 할 수 있는 일로만 하다 보면 그 기회를 놓치고 만다.

요즘은 직장인들 사이에 '월급 이외의 수입을 올리는 법'이 유행할 정도로 자기 일을 찾으려는 사람들이 늘고 있다. 부의 씨앗 중 하나가 바로 내 사업을 하는 것이다. 사업을 하기로 마음을 먹고 나면 해야 할 첫 번째가 실행력과 협상력을 갖추는 것이다. 여러 성공한 사람들의 이야기를 접해야 하는 이유가 여기에 있다.

과거 힘든 시절이 있었지만, 지금은 정말 많은 부를 이룬 어떤 분의 이야기다. 그는 인터넷이 크게 발달하지 않았을 때 사람들에게 도움이 될 만한 상품(예를 들어 라꾸라꾸 침대, 석류 등)을 해외에서 최초로 들여오는 방식을 택했다. 때마침 홈쇼핑이 막 시작될 때라 그 흐름까지 더해져서 막대한 부를 거머쥐었다. 개인이 손쉽게 구할 수 없는 생필품을 대신 구해 와서 제공했기 때문이다. 물론 큰 부를 이루고 난 뒤엔 상품을 팔기보다 가능성 있는 회사에 투자하고 그에 대한 배당금을 받고 있다.

세상을 편리하고 이롭게 함으로써 부를 이룬 또 다른 한 분이 있다. 과거만 해도 광고에 나온 피자가 먹고 싶을 땐 동네 매장의 전화번호를 일일이 찾아야 했는데, 그러한 불편함을 해소한 분이다. 대한민국 최초로 '대표번호'를 만들어 각 매장에서 받아야 하는 주문 전화를 대신 받아주는 시스템을 만든 것이다. 즉 대표번호로 전화를 하면 알아서 가까운 동네 매장으로 연결해주는 서비스로 우리가 잘 아는 '1588'과 같은 것을 떠올리면 이해하기 쉽다. 업체와 고객 모두 편리함에 만족해했다. 지금은 피자 외에도 대부분 업체가 대표번호를 사용한다. 거래량만 1년에 1조 원이 넘는다고 한다. 얼마나 많은 사람이 이 서비스로 편리해졌는지 모른다.

말센스를 본격적으로 익히기 전에 말센스를 어디서 활용할지를 먼저 생각해보자.

좀 더 많은 사람에게 영향을 줄 수 있는 아이템과 방법을 고안해보자.

주하표 한마디!

*출처 amazon

전 세계인의 사랑을 받는 온라인쇼핑몰 '아마존'의
초창기 사무실 모습이다.
지금은 세계 2위 대기업이 되었지만,
그 시작은 우리와 마찬가지로 조촐했다.
우리가 지금 있는 위치에서
이룰 수 있는 작은 성장을 쌓고 쌓아
언젠가 많은 사람에게 사랑받는 당신이 되기를….

관점을 바꾸면 장사는 저절로 잘된다

1996년 독일 베를린 마라톤 대회 때 일이다. 아디다스가 그 대회의 공식 스폰서여서 이미 유명한 마라톤 선수들을 다 장악한 상태였다. 그러다 보니 TV 속에 등장할 1등은 그게 누구더라도 전부 아디다스를 착용하고 있을 터였다.

이때 세계적인 스포츠 기업인 나이키라면 어떤 식으로 판을 뒤집을까?

나이키는 스포츠에 대한 정의부터 달리했다. 왜 꼭 1등은 누군가와의 경쟁으로 이루어지는가? 진정한 승자는 자기 자신과 싸움에서 이기는 것이 아닐까? 이런 생각을 바탕으로 강력한 우승 후보 대신 마라톤 참가자 중에서 '가장 나이가 많은 사람'을 찾아 그를 후원하기로 했다. 그 주인공이 78세 하인리히 할아버지였다.

과연 78세 노인이 42.195킬로미터를 완주할 수 있을까?

나이키는 하인리히 할아버지를 이 마라톤 대회의 최대 화제로 만들기로 작정한다. 모두가 이 노인에게 관심을 가지리라 확신했다. 하인리히 할아버지를 모델로 "달려라 하인리히, 달려라!(Go Heinrich, Go!)"라는 카피를 넣은 포스터를 만들어 베를린 시내에 도배했다.

마라톤 대회는 시작되었고, 사람들은 누가 1등으로 달리는지 궁금해하기보다 하인리히가 잘 달리고 있는지에 더 많은 관심을 가졌다. 그러다 보니 방송국에서도 하인리히를 자주 조명할 수밖에 없었다. 시민들의 응원은 뜨거웠고, 누가 봐도 그날의 주인공은 하인리히였다.

그는 꼴찌로 들어왔지만 완주했고, 사람들은 감격했다. 그 덕에 나이키의 인지도는 덩달아 급상승했다. 모두가 1등만 생각할 때 꼴찌에 주목한 나이키의 관점 뒤집기가 완벽히 성공한 것이다. 아디다스와 같은 막강한 자본력이 없다면 나이키의 관점 뒤집기로 성공의 기회를 잡아보자.

관점을 뒤집으면 방법이 보인다

'관점 뒤집기'를 사업에 접목하면 매출에도 분명 변화가 일어난다. 우리는 수강생들과 여러 가지 시도를 해봤고, 그 결과 해당 분야의 트렌드를 이끈 사례가 많았다. (예를 들면, '강아지를 키우는 사람들만 사는 빌라', 이른바 '개빌라'를 짓는다거나 '다이어트만을 전문으로 하는 한의원'으로 자리매김한다거나) 그중에 간단한 사례를 들어보겠다.

대개 사람들은 집을 구할 때 부동산 중개소를 찾는다. 중개업자들이 보여준 집 중에서 마음에 드는 곳과 계약한다. 이런 전형적인 주택 구입 및 임대 과정을 다른 관점으로 볼 수는 없을까, 하고 고민해봤다.

그때 나온 아이디어가 바로 소액을 받고 진행하는 '부동산 투어'였다. 하나의 여행 상품처럼 부동산을 구경하는 등 다양한 서비스를 제공하는 것이다. 판매라는 부담을 뺀 투어는 오히려 사람들에게 부동산을 편하게 접근할 수 있도록 심리적 안정감을 주었다. '투어'라는 이름 덕에 사람들은 다른 매물도 부담 없이 계속 볼 수 있었고, 그만큼 계약 성사율도 80~90%로 늘었다. 이와 더불어 투어 상품 자체로도 소소한 수익이 있어 그야말로 일석이조였다. 과거엔 손님이 없어 고민했다면, 지금은 투어하느라 바쁜 나날을 보낸다.

한 수강생은 대구에서 피부숍을 운영하고 있다. 일반적인 피부숍에 뭔가를 추가했더니 전국에서 고객이 찾아오는 피부숍으로 탈바꿈했다. 과연 무엇을 더했을까?

보통 피부숍은 고객에게 다양한 서비스를 제공하는데, 주로 피부 관리법이나 마사지기기 같은 제품에 초점을 둔다. 즉 숍에서 할 수 있는 일로 한정 짓는다.

우리는 거기서 더 나아가 궁극적 목표인 '어떻게 하면 고객이 더 예뻐질 수 있을까'를 고민했다. 관점을 숍에서 벗어나 고객의 전반적인 환경으로까지 확대한 것이다. 관점을 달리했더니 고객의 화장대를 점검해보자는 아이디어가 나왔다. '17년 피부관리사가 알려주는 나에게 꼭 맞는 화장품 컨설팅'은 그렇게 탄생했다. 기존에도 워낙 피부관리 전문가여서 많은 사람이 만족했지만 현재는 전국에서 고객이 화장품 가방을 들고 찾아온다고 한다.

이렇듯 관점을 뒤집으면 새로운 전략이나 방향이 나온다. 고객의 입장이 되어 생각해보거나 문제를 바라보는 방향을 조금만 바꿔도 서비스나 제품이 달라 보인다.

어떻게 남과 다른 방식으로 가치를 만들 것인지를
여러 관점에서 생각해보자.
모두가 하는 방법 말고 남다름을 줄 수 있는 것을 말이다.

주하표 한마디!

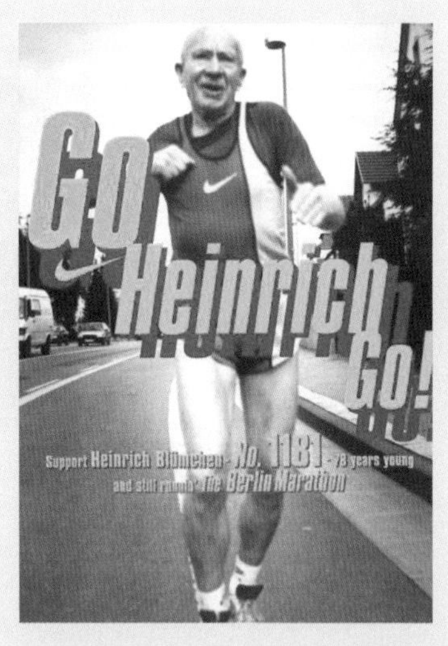

*출처 케셀스크라머 웹사이트

모두가 1등만 생각할 때
나이키는 관점을 꼴찌에게로 돌렸다.
단숨에 사람들의 시선을 끌었고
나이키의 관점 뒤집기는 성공적인 사례로 남았다.
나이키의 관점 뒤집기를 내 삶에,
내가 하는 일에 적용해보자.
새로운 발상이나 전략이 떠오를 것이다.

당신의 이웃집에 백만장자가 살고 있다

토머스 스탠리는 20여 년간 부자를 연구하여 『이웃집 백만장자』라는 책을 펴낸 바 있다. 미국의 부자들을 만나 그들이 어떻게 부를 일구고 유지하고 있는지를 추적한 내용이다. 나 또한 부를 이룬 많은 사람을 만나면서 그들의 성공 비결을 찾은 것들이 있다. 그중에서 우리가 따라 할 수 있는 한 가지를 살펴보고자 한다. 바로 내가 가진 경험을 주변에 나누는 것이다. 경험이 곧 나의 자산이다.

우리 수강생 중에 부동산업으로 소위 대박 난 분들이 꽤 있다. 그중의 한 분인데, 지금과 달리 과거 차별성이 없어 고전할 때 그는 어떤 식으로 돌파구를 찾았을까? 지금은 땅을 사서 직접 건물을 올리는 일을 하며 대단히 크게 성공했으나 시작은 미미했다. 그때 승부를 보려면 남다른 선택을 해야만 했다. 그래서 2012년 당시, 부동산업에 종사하던 이들과 전혀 다른 선택을 한다. 모두가 '돈이 많은 사람만을 고객'으로 한정할 때 자신은 '돈은 많지 않지만, 은행에 넣어두기엔 이자가 너무 적다고 느끼는 분들'을 고객으로 삼았다. 그것이 당시 열풍이 된 '직장인 재테크' 바람의 시작이 되었다. 다들 그게 되겠냐며 부정적인 반응을 보였지만 결과는 획기적이었다.

두 번째는 오피스텔에 살고자 하는 사람이나 투자하려는 사람에게 '오피스텔의 내부와 외부, 주변 편의시설, 주변 시세 분석' 등을 소책자로 만들어 팔았다. 당시 그는 강남구 오피스텔에 대해서는 모르는 게 없었다. 그래서 "강남구에 있는 오피스텔은 내가 다 발품 팔아놓았다!"라는 콘셉트로 소책자를 만든 것이다. 오피스텔당 천 원씩 받고 강남의 131개 오피스텔 정보를 나눈다. 소비자들은 발품을 팔지 않아도 거기에 고급정보가 다 들어 있으니 사서 볼 만했다. 차비만 해도 소책자 가격만큼은 드는데 전문가의 고견까지 들어 있으니 131,000원이라도 내고 사는 것이다.

한번은 화상 영어서비스 업체를 운영하는 분이 찾아왔다. 직원들 월급을 주고 나면 수익이 얼마 남지 않는 상황이라고 했다. 업체의 현 상황과 그분의 개인적인 경험까지 쭉 듣고 나니, 그분은 정말 영어서비스를 제공하는 데는 특출한 재능이 있는 분이 확실했다. 그분의 남다른 어학연수 경험과 정보력은 탁월했다.

"화상 서비스 말고 어학연수 경험을 팔아봅시다."

같은 영어교육 서비스를 제공하되 화상 영어교육에서 콘셉트를 확 바꿔 효과적인 어학연수 생활을 돕는 영어교육 사업으로 방향을 새롭게 틀었다. 이름하여 '빠짝 연수'.

대략 어학연수 1년 동안 얻을 수 있는 평균 영어 실력이 있다면, 그보다 더 월등한 실력을 좀 더 짧은 기간 안에 얻을 수 있게 하는 것이다. 어학연수를 준비하는 이들의 시간뿐만 아니라 외국에 머물며 지출되는 비용까지 절약할 수 있어 반응은 뜨거웠다.

그만큼 수익도 단기간에 40배로 늘었다.

꼭 유명 기관에서 취득한 학위나 수료증이 있어야 세상을 도울 수 있는 것은 아니다. 내가 몸소 부딪혀 알게 된 특별한 경험도 누군가에게는 꼭 필요한 정보가 되는 시대다. 그로 인해 시간과 비용까지 절약할 수 있다면 필요한 서비스가 될 수 있다.

인기 유튜버들만 보더라도 그들의 경험이 처음 시작하려는 사람에게는 도움이 된다는 사실을 알 수 있다.

그렇다면 우리는 무엇을 하면 좋을까? 내 자산이 될 수 있는 이런저런 경험을 많이 쌓고 그 경험을 나눠라. 혹여나 나에겐 그럴 만한 경험이 없다고 좌절하지 말자. 그럴 시간에 우선 행동하며 경험을 쌓기 바란다.

최근 〈세상을 바꾸는 시간 15분(세바시)〉의 사회를 맡고 계신 한 대표님이 사무실을 방문한 적이 있다. 그때 그분이 이런 말을 했다.

“시작도 실력이다.”

행동하지 않으면서 머릿속으로 할 일만 생각할 때가 가장 엄두가 안 나는 법이다. 일단 시작하면 시작조차 하지 못한 사람보다는 변화를 이룰 것이다.

당신의 작은 경험도 누군가의 인생에 한 줄기 빛이 될 수 있다.

주하표 한마디!

차별화 하나로 러브콜 받는 사나이

애견인구가 천만을 훌쩍 넘어섰다. 갈수록 반려동물 관련 산업이 늘고 있다. 우리 수강생 중에도 애견미용 기술을 가진 이가 있었다. 하지만 마땅한 사업모델이 없어 고민만 하던 그가 나에게 상담을 요청했다. 뚜렷한 콘셉트가 없고 경제적으로 넉넉하지 않아 무엇부터 해야 할지 막막한 상태라고 했다. 대화를 나눠보니 창업해야겠다고 마음은 먹었으나, 막상 현장에는 뛰어들지 못하고 있었다.

"수익을 창출하기 위해 석 달 동안 어떤 행동을 해보셨나요?"

"아이디어를 짜고 블로그를 운영했습니다!"

"아이디어랑 블로그만요? 그건 '행동'이 아니죠. 생각은 머릿속에 있을 뿐이에요. 세상에 내가 있다는 걸 알리는 게 중요한데, 블로그는 이용객과 신뢰를 쌓기까지 시간이 꽤 걸려요. 그러니까 오프라인 세상에서 발로 뛰며 배운 걸 적용해야 수익이 나오지요. 집에만 있지 마시고 밖으로 나가 고객을 만나세요!"

'먼저 주고 또 줘라. 그러면 길이 열린다'라는 나의 평소 믿음대로 우선 그가 가진 기술로 타인에게 줄 수 있는 것이 무엇인지부터 찾아보기로 했다.

"공원에 나가면 강아지와 산책하는 사람들이 많을 거예요. 거기서 공짜로 강아지 발톱이라도 깎아주고 간단히 털도 다듬어주면서 명함을 나눠주세요. 그들 중에 분명 고객이 될 사람들이 있을 거예요."

그러나 그는 고개를 저었다.

"그러고 싶어도 장비가 없어요."

그 얘기를 듣고 나는 그 자리에서 돈을 입금해주었다.

"제가 첫 번째 고객이 되어드릴게요. 저도 강아지를 키우거든요. 이 돈으로 장비 사시고, 이제 더는 '안 된다'라는 말은 하지 마세요. '어떻게 하면 될까'만 생각해요, 우리."

따로 업장이 없다 보니 고객의 집으로 직접 찾아가서 강아지를 씻어주었다. 고객 입장에서 서비스를 받아보니 무척 편했다. 강아지를 키우는 사람이라면 누구나 씻기는 게 보통 일이 아니라는 데 공감할 것이다. 동물병원에 가면 몸무게당 비용이 책정되기에 특히 대형견주들은 보통 집에서 목욕을 시킨다. 당연히 개가 목욕하는 날은 손가락 하나 까딱하지 못할 정도로 진이 빠진다. 만약 누군가가 적당한 비용으로 방문해 개를 씻어주고 발톱과 털을 관리해준다면 당장 지갑을 열 것이다.

이렇게 시작된 아이디어로 '대형견 전문 출장 목욕서비스'를 구상하게 되었다. 그는 밴을 개조해 대형견을 목욕시킬 수 있는 시설을 갖추고, '개신남(개를 씻기는 남자)'이라는 별명을 내세워 본격적으로 사업을 시작했다. 회원권을 구매하는 고객에게는 회당 요금을 50% 할인해주어 단골을 유치하는 전략도 세웠다.

요즘 그는 선불권을 구입하는 고객이 늘어 쉴 새 없이 바쁘다며 즐거운 비명을 지르고 있다. 급기야 공중파 방송도 타게 되고 말이다. 나는 강아지의 피부병을 고치는 특기가 있다는 그에게 '약용 목욕서비스'를 개시하라고 권했다. 피부병에 좋다는 약용 샴푸를 사용해 강아지를 목욕시키는 것이다. 이처럼 고객과 강아지를 위한 서비스를 계속 마련하니 단골들의 만족도가 높다.

이와 비슷한 사례로 '효孝' 전문가로 활동하는 분이 있다. 어찌 보면 당연한 것을 키워드로 삼아 '효도 실천 운동'을 벌이고, 강의를 시작했다. 처음에는 주목받지 못했지만, 점차 사람들 사이에서 그의 존재가 알려졌다. 왜냐하면 단체에서 효도상을 주려고 해도 이미 활동하는 사람을 찾기 마련이기 때문이다. 그래서 '효' 개념이 필요한 기관이나 지자체의 일을 독점하게 되었다. 너무 평범해서 아무도 소유권을 주장하지 않았던 개념의 깃발을 세상에 꽂은 것이다.

세상에서 두각을 나타내려면 모두가 하고 있는 기존의 콘셉트에서 벗어나야 한다. 즉, 새로운 곳에 깃발을 꽂는 것이다. 나의 콘셉트를 명확히 하고 깃발을 꽂아 두면, 3년 뒤 5년 뒤 10년 뒤엔 훨씬 더 전문가가 되어 있을 것이다. 경력까지 쌓이게 되니 말이다. 그러니 틈새를 찾아 차별화된 생각이나 콘셉트, 전략을 세워보자. 성공은 자연스럽게 당신을 따라올 것이다.

새로움을 두려워하지 않을 때 삶이 위기에 처하지 않을 수 있다.

주하표 한마디!

애견미용 기술은 있지만
딱히 뭘 해야 수익을 창출할 수 있을지 몰랐다.
그때 직접 고객을 만나면서 새로운 콘셉트를 찾았다.
바로 '대형견 전문 출장 목욕서비스'.
그는 '개신남(개를 씻기는 남자)'이라는
별명을 내세워 본격적으로 사업을 시작했다.
틈새를 찾아 차별화된 생각이나 콘셉트, 전략을 세운다면
성공은 자연스럽게 당신을 따라온다.

대통령에게
답장을 받은 남자

당신이 만약 건강기능식품 회사를 운영하는 사람이라면, 매출을 높이기 위해 어떤 아이디어를 내보겠는가? 실제 건강기능식품 회사를 경영하는 한 회장님은 기상천외한 마케팅을 한 것으로 유명하다. 그에 관한 유명한 일화가 있다. 과거 미국의 전 대통령 부시에게 건강기능식품을 보내 대통령과 영부인이 직접 사인을 한 답신을 받은 일이 있었다. 그 기회를 놓치지 않고 이를 신문에 대대적으로 광고를 해 큰 이익을 거뒀다.

내가 운영하는 유튜브 채널의 콘텐츠 중 하나로 '김주하의

꿈과 사람들'에서 그를 인터뷰했다. 때마침 궁금했던 질문을 던졌다. 어떻게 한국의 건강기능식품을 백악관까지 보낼 수 있었느냐고 물었다. 한국의 대통령에게도 불가능할 텐데 연고도 없는 세계 초강국 대통령과 그런 연이 닿았다는 게 너무 신기했다. 그러자 그의 입에서 다소 황당하기까지 한 답변이 돌아왔다.

"인터넷에 검색해보면 백악관 주소 다 나와요. 그거 보고 보냈지요."

알고 보니 그는 백악관에만 건강기능식품을 보낸 게 아니었다. 전 세계 대통령들에게 모두 보낸 것이었다. 단, 그에게도 나름의 노하우가 있었다. 무작정 보내는 것이 아니라 새 대통령이 당선되었을 때 취임 소식을 듣자마자 바로 발송했다. 취임 초기 대통령의 마음이 가장 너그럽고 얼떨떨해 있을 때 긍정적인 반응을 이끌 확률이 높기 때문이다. 결국 백악관에서 대통령 서신을 받았으니 그 예상이 적중한 셈이다. 나중에 광고효과를 톡톡히 보고 있을 때쯤, 백악관에서 청와대로 자제 요청이 들어왔다고 웃으며 말했다.

원하는 것을 얻는 사람들의 태도를 들여다보면 대개가 이러하다. '백악관에서 거절할 것이다'라는 건 아예 염두에조차 두지 않고 오직 원하는 것만 바라본다.

거절을 염두에 두지 마라. 거절은 상대방이 결정하는 일이고, 우리는 우리의 역할에만 충실하면 된다. 즉 보내는 건 나의 역할, 반응은 상대방의 역할, 파이팅!

실패는 존재하지 않는다. 오직 피드백만 있을 뿐이다.

주하표 한마디!

Thank you for your kind gesture and for your special remembrance. Your expression of friendship means a great deal to us, and we send you our best wishes.

한 건강기능식품 회사 회장이 보낸 편지에
미국의 전 대통령 부시 부부의 사인이 담긴
답장을 받아 화제가 되었다.
이를 광고하여 크나큰 이익을 얻었다.
원하는 것을 얻는 사람들의 태도를 보면 공통점이 있다.
'백악관에서 거절당할 것이다'라는 건
아예 염두에도 두지 않고 오직 원하는 것만 바라본다.

60대에 제2의 인생을 살게 된 비결

내가 소속된 협회의 컨설팅을 통해 제2의 창업에 성공한 세무사님이 있다. 30년 이상 국세청에 근무하다가 퇴임 후 세무소를 차렸는데 예상과 달리 뛰어난 실력에도 불구하고 수임이 잘되지 않았다. 1년간 사교 모임을 꾸준히 다니며 열심히 명함을 뿌렸지만, 효과는 미미했다.

안 되겠다 싶어 아들과 함께 협회의 교육을 받기 시작했다. 아무래도 연세가 있다 보니 '마케팅 이야기'나 '컴퓨터를 다루는 일'엔 재미를 못 느끼는 기색이 역력했지만, 젊고 인터넷에 능숙한 아들은 달랐다.

아들은 배운 바를 그대로 사업에 접목해 아버지의 강점을 부각하는 마케팅을 시작했다. 당시엔 일종의 '전관예우'가 존재한다는 인식이 있어 국세청 출신의 세무사라는 점이 일종의 무기가 되었다.

'국세청 33년 경력 세무사'의 타이틀에 '절세'를 연결했다.

결과는 성공적이었고, 지금까지도 많은 거래처로부터 사랑을 받는 세무사로 활동하고 있다.

어느 날, 위의 사례를 들어 알고 있는 한 수강생과 대화를 나누게 되었다. 그는 2년 차 젊은 세무사였다. 그에게 '국세청 출신'의 나이 지긋한 분으로 고문 두세 명을 위촉하라고 권했다. 그들을 통해 경력이 부족한 단점을 보완하고 전관예우에 대한 기대치까지 높일 수 있으리라 생각했다.

그리고 그에게 '빽을 만들어드리는 남자'라는 닉네임을 만들어주었다. 사교 모임에 다니면서 사람들에게 간단한 세무 상담을 해주며 그 닉네임으로 명랑하게 자신을 소개하라고 권했다. 두 가지 변화는 어떤 결과를 일으켰을까? 당연히 성실한 그는 계속 성장하고 있다. 앞으로 더욱더 잘되리라 믿는다.

세상에 성공한 사람이 1억 명이라면 1억 개의 서로 다른 성공 방식이 있다. 누구도 남의 방법을 그대로 따라 해서 성공할 수는 없다. 물론 다른 이의 성공사례를 참고해 나에게 적용해보는 것이 실천의 첫걸음이지만 그 전에 자신의 조건과 상황을 고려해야 한다. 왜냐하면 큰 맥락보다도, 콘셉트보다도 더 중요한 것은 그 안에 숨겨져 있는 디테일이기 때문이다. 안일하게 다른 사람을 흉내 내다가 이도 저도 아니게 될 수도 있다. 나에게 맞는 나만의 방법은 반드시 존재한다.

사람들에게 어떤 사업가로 기억되고 싶은가?
나의 특장점을 찾아 닉네임을 만들어보라.

주하표 한마디!

석 달 만에 매출이 3배로 뛰어오른 이유

한 피자집 사장님은 배달을 직접 하는데, 상품을 전달하고 돌아가기 전에 꼭 이렇게 물었다.

"혹시 쓰레기 버리실 거 없으세요? 제가 가는 길에 버려드릴게요."

우리가 고객이라면 어떤 기분이 들까? 이 질문은 아래 이야기로부터 시작되었다.

어느 날 배달하고 나올 때, 문 앞에 버리지 못한 기저귀가 가득 담긴 쓰레기봉투가 있었다. 그것을 보자 집에 있는 아내 생각이 나서 내려가는 길에 조용히 버려드렸다.

한 달 뒤, 다시 그 집에 배달하러 갔을 때 집주인은 그것을 기억해내고는 연신 고맙다고 인사했다.

고객이 좋아하는 모습을 본 이후로 배달할 때마다 "혹시 종량제 봉투 버리실 거 없으세요?"라고 다른 고객들에게도 묻게 되었다고 한다. 대신해서 쓰레기를 버려주는 데 대한 고마운 마음과 편리함은 자연스럽게 재구매로 이어졌다.

'고객의 불편함을 해소하면 사업은 잘된다'라는 말이 있다. 또 생활의 불편이 발명으로 이어진다고 했던가. 고객의 불편함은 자신이 하는 사업에서 차별화된 서비스나 새로운 사업 아이템으로 이어질 수 있다. 고객이 귀찮아하거나 불편해하는 부분이 무엇인지 수시로 관찰하고 해결해줄 수 있는 방법을 찾아보자. 반드시 매출에 영향을 미친다.

그는 여기서 멈추지 않고 배달이 많지 않은 날엔 쉬지 않고 또 다른 아이디어를 실현했다. 바로 줄 서는 매장을 만드는 방법으로 통하는 후각 마케팅이다. 맛있는 냄새를 풍겨 고객의 발길을 사로잡는 것이었다. 밖으로 피자 냄새가 잘 풍기게 하고, 주변 빌라촌 곳곳에 전단지를 꽂아두었다.

꾸준히 실천한 결과 석 달 후에 효과가 나타났다. 한 달 매출 2,500만 원에서 7,500만 원으로 매출이 딱 3배로 뛰어올랐다.

사소한 아이디어에서 출발하자.
극적인 성공은 연속적인 작은 성공에서 비롯된다.

주하표 한마디!

모두가 불황이라고 할 때 기회를 잡아라

재작년 크리스마스 때 일이다. 사업을 하는 지인이 외국에 나갔다가 마침 크리스마스이브에 귀국하게 되었다. 문득 오랜만에 성탄절 인파에 휩쓸려보고 싶다는 충동이 일었다고 한다. 결국 일행과 함께 젊은이들의 성지, 홍대에 나가 그들과 뒤섞여 보내기로 했다.

그런데 막상 홍대에 도착해보니 사람이 별로 없었다. 주말에 발 디딜 틈이 없던 홍대 거리가 정작 성탄 전야에 텅텅 비어 있다니 이상한 일이었다. 지인은 다시 차를 돌려 명동으로 향했다. 그러나 그곳도 한산하기는 마찬가지였다. 어디에도 전형적인 크리스마스 분위기는 없었다.

어쩔 수 없이 그들은 번화가의 아무 술집에나 들어가 자리를 잡았다. 가게 안에도 사람이 없기는 마찬가지였다. 이 상황이 너무나 궁금했던 지인은 그 집 사장에게 이런 날 왜 이렇게 사람이 없냐고 물었다. 그 질문에 사장은 성토하듯 말했다.

"불황이라 그래요. 살다 살다 이런 불황은 또 처음 봐요."

그날 밤, 집에 돌아온 그는 딸과 대화를 나누다가 뜻밖에 답을 찾았다고 한다.

"요즘 누가 크리스마스에 밖에 나가 술을 마셔요? 평소에도 흔하게 가는 곳인데. 저도 자취하는 친구 집에서 파티했는걸요." 크리스마스 때 친구나 연인과 몰려다니며 기분을 내던 젊은이들의 라이프스타일이 바뀐 것이다. 레스토랑에서 엄두가 안 나는 값비싼 와인을 마시며 폼을 잡는 대신 가성비를 따지며 적당한 값에 만족할 수 있는 법을 찾는다. 요즘 젊은이들은 집에서 스테이크를 맛있게 굽는 법을 알고(실제로 그날 포털 검색어 1위가 '스테이크 굽는 법'이었다) 인터넷으로 파티용품을 구하여 색다른 자기만의 추억을 쌓는다. 1인 가구가 많아져 또래끼리 자유롭게 모일 공간이 생긴 것도 한 이유다. 대여 공간을 찾아 독립된 공간에서 그들만의 파티를 즐긴다.

시대의 변화를 감지하지 못하고 무조건 불황 탓으로 돌리고 있지는 않은가?

물론 거시적으로 경제가 어렵고 저성장 시대가 도래했다. 그렇다고 세상 탓을 하며 경제가 좋아지기만 기다린다면 자신의 불황은 영영 끝나지 않을 수도 있다.

크리스마스 때, SNS에 추억으로 남길 수 있는 이벤트 코너를 꾸며준다든가, 특별한 패키지 구성을 한다든가 하여 지금의 트렌드가 무엇인지 파악하고 그에 발맞춰 나가야 한다. 세상은 계속 변하고 있고 그 속에서 살아가는 사람들의 생각이나 행동도 바뀌고 있다. 그동안 해오던 방식만 고수해서는 빠르게 변화하는 세상에서 살아남기 힘들다.

이 사실을 깨달은 내 주변의 사업가들은 회사의 막내 신입사원들에게 의견을 진지하게 구하고 귀를 기울인다. 실제 그런 자세가 많은 도움이 된다고 고백한다. 유튜브 채널 '워크맨'을 만들어 화제를 낳은 고동완 PD도 한 강연에서 이런 말을 했다.

"보통 방송국에서는 편집을 하고 나면 윗분들에게 컨펌을 받는데, 우리는 인턴이나 후배들에게 먼저 보여준다. 꼰대 마인드를 버려야 한다."

변화가 무섭고 따라갈 엄두가 안 난다고 눈을 질끈 감아버리면 안 된다. 당장 세상의 변화에 눈을 떠야 한다. 알아야 대응할 수 있기 때문이다. 최소한 자동차를 생산하는 시대를 앞두고 마차를 고급화하는 데 투자하는 식의 잘못을 저지르지는 않아야 할 것 아닌가.

불황은 입에 올리는 순간 찾아온다

학교 앞에서 샌드위치 가게를 하는 사장이 있었다. 인심이 후한 사장님은 신선한 재료를 넉넉하게 넣은 샌드위치를 저렴한 가격에 판매해 학생들 사이에서 인기가 좋았다. 그 덕에 장사가 잘되어 몇 년 동안 높은 매출을 유지하며 동네 맛집 자리를 지켰다. 그런데 사장의 아들이 해외에서 경영학 공부를 마치고 귀국하면서부터 장사를 잘하고 있다는 그의 자부심이 흔들리기 시작했다. 아들은 가게에 와서 샌드위치를 만들어 파는 아버지를 보더니 기가 막힌다는 듯이 말했다.

"아버지는 신문도 안 보세요? 요즘 경기가 안 좋다고들 난리인데… 어떻게든 원가를 줄여도 모자랄 마당에 재료를 이렇게 막 넣어주시면 어떡해요? 가격 대비 원가비율로 보면 이론적으로 말도 안 되는 일이라고요. 원가를 낮춰서 수익률을 높이셔야죠."

사장은 선진국에서 경영학을 공부한 전문가인 아들의 말을 흘려들을 수 없었다. 그는 아들의 조언을 받아들여 재료를 조금씩 줄이기 시작했다. 그러자 샌드위치 맛이 변한 것을 알아챈 손님들의 발길이 점차 끊어졌다. 줄을 서서 샌드위치를 사 가던 가게는 어쩌다 멋모르고 들어온 뜨내기손님만 들어오는 곳이 되었다. 파리만 날리는 가게를 허탈하게 지키던 사장은 이렇게 말했다.

“경영학 학위가 참 대단하긴 하구먼. 우리 아들 말이 맞았어. 요즘 진짜 심각한 불황이야.”

위의 일화는 우리의 믿음이 매출에 어떤 영향을 미치는지 보여준다. 이 이야기에서 무엇을 느끼는가? 왜 경기를 안 타던 집이 갑자기 경기를 타게 된 것일까?

나는 나 자신에게든 나를 찾아오는 회원에게든 절대로 불황이라는 단어를 쓰지 않는다. 그 말을 입에 올리고 자신의 마음에 각인시키는 순간부터 불황이 찾아온다고 생각하기 때문이다.

호황이라는 말을 좀처럼 듣기 힘든 건, 사업이 잘되는 사람들은 말을 아끼기 때문이고, 안 되는 사람들은 ‘불황이라서’ 안 된다고 생각하기 때문이다. 바꿔 생각하면, 안 되는 원인으로부터 시선을 옮겨 잘되게 하는 방법에 집중할 때에만 나만의 호황을 만날 수 있는 것은 아닐까?

많은 사람이 불경기라고 할 때도 오히려 더 잘되는 집들은 반드시 존재한다. "지금 경기가 안 좋아요"라는 이야기를 그대로 믿고 수동적인 자세를 가져서는 안 된다.

많은 사람이 장사가 안 된다고 할 때도 '더 잘되는 집'을 찾고 그 집을 연구하라. 그 집에 왜 손님이 몰리는지를 말이다.

잘되는 집엔 반드시 이유가 있다.

불황에도 호황기를 누리는 사람들이 있다.
호황기를 누리는 사람들과 트렌드를 연구하라.
또한 성공은 반드시 흔적을 남긴다.
원하는 결과를 얻은 이를 찾아 그 흔적을 연구하라!

주하표 한마디!

돈 버는 사람들의

PART 2

은밀한 말센스

질문으로
마음의 문을 연다

말센스를 발휘하기 전에 챙겨야 할 것은 실력과 상품의 질이다. 즉, 좋은 상품이 전제되어야 하는 것은 두말하면 잔소리다. 당신이 좋은 상품 혹은 좋은 서비스, 좋은 기술을 갖고 있다면 거기에 말센스를 더하는 것이다. 번드르르한 말이나 과장된 말로 상품이나 서비스를 포장해서는 안 된다. 당장 눈앞의 이익은 얻을 수 있을지 몰라도 오래가지 못한다. 먼저 자신의 상품이나 서비스를 개선한 후 자신이 가진 '좋은 상품'(통일성 있게 이하 '상품'이라고 칭하겠다)을 어떻게 하면 더 상대방에게 효과적으로 전달할 수 있을지, 말센스를 갈고닦아야 한다. 고객을 위해서라도 좋은 상품은 더 많이 알려져야 하니까 말이다. 그런데 좋은 실력이나 상품을 갖고도 말센스가 부족해 제대로 알리지 못하는 경우가 많다.

말센스는 아무리 강조해도 지나치지 않다. 우리는 누구나 판매자가 되기도 하고 소비자가 되기도 한다. 소비자일 때도 좀 더 저렴하게 물건을 사고자 한다면 "저는 예산이 이 정도인데, 이 가격에 가능한가요?"라고 먼저 물으면 효과적이다(물론 단순히 저렴하게 사는 것만이 능사는 아니지만 말이다). 매일 부딪히는 설득과 협상의 과정에서 말센스를 배워 활용한다면 각자가 좀 더 만족스러운 결과를 얻을 수 있을 것이다.

공공연한 비밀이지만, 나는 도시 사람으로 보이고 싶어서 코에 필러filler 시술을 받은 적이 있다. 필러 시술은 예뻐지고자 원하는 부위에 충전제를 주사하는 시술이다. 그런데 단점이 하나 있다. 시간이 지날수록 서서히 녹아내리다가 다시 원래대로 되돌아온다는 것이다.

필러 시술을 받고 한동안은 "혹시 이다음에 저 만났을 때 콧

대가 낮아져 있어도 놀라지들 말라"고 강연시간에 우스갯소리를 던지곤 했다. 물론 이 이야기를 하면 다음에 나를 봤을 때 내 코만 빤히 보는 사태가 벌어진다는 것을 나도 잘 안다. 그럼에도 이 이야기를 꺼내는 것은 내 '코 아픈 사례'에서 공유하고 싶은 바가 있어서다.

어느 날 나는 코에 필러 주사를 맞기 위해 실력이 좋다는 A병원에 상담을 받으러 갔다. 의사는 몇 번 내 코를 만지더니 재질은 레스틸렌을 넣으면 되겠고, 몇 밀리미터를 넣으면 되겠다고 혼잣말을 했다. 이윽고 "오케이, 이제 밖에서 상담실장님이랑 얘기 나눠보세요"라고 했다. 그렇게 '내 소중한 코'에 대한 상담이 끝났다.

같은 날, 또 다른 B병원을 찾아 상담했더니 그 의사는 이렇게 말했다.

B의사: 오늘 어떻게 오셨어요?

나: 저… 코에 필러 좀 맞아보려고요.

B의사: 코에 필러를요? 지금도 예쁜데, 왜요?

나: 아^^ 제가 사실 제주도 사람인데 도시적인 오뚝한 코를 갖고 싶어서요.

B의사: 본인이 생각하는 도시적인 코가 어떤 건데요?

나: 음… 제가 생각하는 도시적인 코는요! 산근(콧마루와 두 눈썹 사이)에서부터 밑으로 예쁘게 쭉 빠지는 코예요!

B의사: 본인이 생각하는 예쁜 코가 산근에서 시작해서 끝으로 예쁘게 빠지는 코가 맞나요?

A병원과 B병원 중 나는 어디서 시술을 받았을까? 예상했겠지만, B병원이었다. 사실 "지금도 예쁜데, 왜요?" 라는 대목에서부터 이미 반쯤 마음이 기울어버렸다. 그런데 결론만 얘기하자면, 시술은 A병원이 더 잘하는 곳이었나 보다. B병원에서 시술을 받았는데 조금 잘못되었기 때문이다. 실수로 잘못 건드린 건지 코에 핏줄이 터져버렸다. 그래서 웃을 때 코가 조금 울퉁불퉁하다. 그렇다고 앞으로 내 코만 빤히 보지는 마시기를.

웃기지만, 슬픈 이야기를 꺼내는 이유는 시술을 잘한다고

재질은
레스틸렌으로 하고
○○ 미리 넣읍시다.
A 병원

지금도
예쁜데 왜요?
B 병원

소문이 난 A병원에서는 '말센스'를 더 연구해야 한다고 생각하기 때문이다. 제아무리 실력이 좋아도 말에서 확신을 주지 못하면, 바로 나와 같은 사람이 발생하기 때문이다.

그렇다면, B병원 의사의 어떤 말 때문에 나는 그곳을 선택한 것일까? 여기서 주목해봐야 할 점은 바로 그 의사는 나에게 무언가를 한 번도 설명한 적이 없다는 것이다. 질문과 되묻기가 전부였다.

"오늘 어떻게 오셨어요?"

"지금도 예쁜데, 왜요?"

"본인이 생각하는 코는 어떤 코인데요?"

계속해서 질문했을 뿐이다. 내게 어떤 코를 만들어주겠다는 말은 하지 않았다. 이것이 질문이 가진 힘이다. 질문을 계속하면 사람들은 상대가 해결책을 가지고 있을 것이라고 믿는다. 질문은 상대의 마음을 사로잡고, 상대가 스스로 이야기를 쏟아내게 하여 같은 편이라고 느끼게 하는 힘이 있다. 실제로 실력 면에서 A병원이 더 낫다는 이야기도 들리니, 실력 있는 병원일수록 내원자들의 더 나은 미모를 위해 말하는 방법을 연구하면 어떨까.

사람을 능동적으로 움직이게 하는 방법으로 질문하기가 있다. 적절한 질문은 상대방 자신도 미처 알지 못했던 해결책을 스스로 찾게 한다. 그러니 우리는 반드시 질문해야 한다.

상대방을 설득하려고 열 마디 늘어놓는 것보다 한 마디 질문으로 '상대가 스스로를 납득'하게 하는 것이 좋다. 이런 내 말에, 어떤 사람들은 아무 질문이나 무작정 던져서 역효과를 불러일으키기도 한다. 잘못된 질문은 되려 취조받는 느낌을 주거나, 관심을 꺼뜨리고, 하려던 의욕을 꺾어버릴 수도 있다.

한 가지 예시로, 직장 내 상사의 질문만 봐도 그렇다. "왜 지금까지 이 상태입니까?"라고 묻는다면 직원은 변명을 늘어놓기에 바쁘다. 더불어 의욕은 꺾이고 말 것이다. 그렇다면 상대방을 능동적으로 움직이게 하는 질문은 무엇일까?

간단한 방법으로, '왜'라는 질문보다는 '어떻게'로 바꿔주는 것만으로도 효과가 있다. "왜 지금까지 이 상태입니까?" 대신에 "어떻게 하면 좋아질까요?"라고 묻는 것이다.

자녀의 성적을 보고 기분이 좋지 않았던 적이 있는가? 그때도 “왜 성적이 이것밖에 안 되니?”라고 묻기보다 “어떻게 하면 성적이 더 오를 수 있을까? 엄마, 아빠가 도울 일이 있니?”라고 질문을 바꾸는 것이 아이를 좀 더 열린 태도로 만들어줄 것이다.

질문을 듣는 사람의 입장도 생각해보자. ‘상대를 몰입하게 하는 질문’들을 고르는 것은 바로 상대방에 대한 배려에서 시작된다. 원하는 곳으로 이동하는 길목에서 길을 막아선 문지기를 만난다면 ‘홀로 힘들게 그곳을 지키고 있는 그의 입장’에 공감하며 질문을 던져라. 그러면 그가 어떻게든 구실을 찾아내 당신에게 길을 터줄 것이다.

주하효과를 위한 말센스!

모든 말을 설명이 아닌 질문으로 바꿔보세요.
내가 할 말을 백 마디 늘어놓는 것보다
한 마디 질문으로 상대가 말하게 하는 것이 낫답니다.

예) 변호사에게 수임을 맡길까 말까 망설이는 고객과의 대화에서

A

저희한테 수임을 맡겨보시지요.

할까, 말까…

B
가장 원하시는 결과가 어떻게 되나요?
말씀하신 내용이 우리의 목표가 맞나요?
네. 그게 제 목표입니다.
도와주세요!

닫혀 있던 지갑도 활짝 열게 하는 말센스

어여쁜 여자가 대뜸 남자에게 말한다.

"제가 돈도 벌어오고, 집안일도 하고, 망치질 같은 힘쓰는 일도 할게요! 당신은 저랑 그냥 살아만 주세요."

이런 말을 연거푸 들은 남자는 어떤 생각을 할까? 강의 때 한 번씩 장난삼아 남성 수강생을 지목해 역할극을 하면 다들 피식 웃음을 터뜨린다. '짓궂게 몰아붙이는 나'와 '공개 구혼을 받

와...
예쁘다..
?
저기요!
저랑 결혼하실래요?!
엥?
제가 돈도 벌고, 집안일, 망치질 다 할게요!
결혼만 해줘!
?!
예쁘긴 한데
뭔가 문제가 있나?

은 남성'의 점점 굳어가는 표정을 보면서 말이다.

혹시 고객과 상담할 때 그림 속 여자처럼 혜택을 줄줄이 나열하고 있지는 않은가?

여러 혜택을 들은 고객들은 '와~ 혜택이 많구나. 정말 좋다'라고 느끼는 것이 아니라 오히려 그림 속 남자처럼 '뭔가 조급해 보이는 것이 빨리 팔아치워야 하는 상품인가?' 하는 생각을 하게 된다. 즉, 상대방에게 생각해볼 틈도 주지 않고 연이어 혜택을 제시하면 도리어 역효과가 난다는 말이다.

구매율을 높이기 위해 어떻게 말하면 좋을까? 핵심은 고객이 '이미 계약을 했다고 전제'하며 얘기하는 것이다. 다시 말해 고객은 아직 결정하지 못했지만, 결정한 것으로 전제하고 대화를 이끌어가는 게 포인트다.

연애 고수들이 쓰는 전략 중에 "우리 가위바위보 할까? 네가 이기면 다음번에 내가 영화를 보여주고, 내가 이기면 다음번에 네가 영화 보여주기. 어때?" 이건 결과와 관계없이 함께 영화를 보는 것이 전제되어 있다. 재미있는 제안에 자연스럽게 웃어넘기면서 두 번째 만남을 약속할 수 있다.

그런데 이때 진지하게 "우리 다음에 영화 보러 갈까?"라고 묻는다면 어떨까? '같이 볼까 말까'를 두고 고민하게 된다.

예를 들어, 아래의 예시들은 아직 구매하겠다고 얘기하지도 않은 고객에게 이미 사는 것을 떠올리게 하는 화법이다.

가맹사업자를 모집할 때

"가맹점이 되면 저희만의 단골 만들기 프로젝트가 있는데 잘 따라오실 수 있나요?"

선물용 안마의자를 살까 말까 고민하는 손님에게

"부모님께 선물한다고 하셨는데 어머님이 직접 받으시나요? 아니면 함께 계실 때 받게 되시나요?"(택배 받는 것으로 화제 전환)

집 인테리어를 고민하는 손님에게

"원하시는 대로 인테리어가 완성되면 멋질 것 같아요. 기대됩니다. 그리고 아무래도 취향이 고급스러우시다 보니 자재들을 특별히 알아봐야 할 것 같은데 혹시 저한테 얼마의 시간을 주실 수 있나요?"

위와 같이 고객의 결정을 전제로 하고 말하면 바로 효과를 볼 수 있다. 할까 말까 망설이는 데서 '한다는 것을 전제'로 하여 다른 화제로 질문이 전환되었기 때문이다.

계약을 더욱 잘하고 싶은가? 두 가지를 기억하자.

첫째, 우리가 어필하면 어필할수록 빨리 팔아넘겨야 하는 상품처럼 느껴져 고객은 도망가고 싶어진다는 사실이다. 둘째, 클로징 멘트(계약을 마무리하는 말)는 마지막에 하는 것이라고 생각하는 사람들이 대부분인데, 내 생각은 다르다. 클로징은 중간중간 상대도 모르게 얘기되어야 한다. 그중 한 가지 방법으로, '당연히 한다는 것을 전제'해서 이야기해보자. 반드시 효과가 좋을 것이다.

아무리 좋은 것을 제안한다 해도 상대가 부담을 느끼면 계약은 이루어지지 않는다. 압박감에 어쩌다 한 번은 목적을 이룬다 해도, 그 사람을 지인이나 고객으로서 잃게 되므로 진정으로 설득했다고 볼 수 없다. 누군가를 설득하려면 부담을 지우면서 밀어붙이는 게 아니라, 오히려 있던 부담도 덜어주어야 한다.

주하효과를 위한 말센스!

우리는 똑같은 상품을 두고도 좀 더 상담력이 좋은 사람과 계약합니다. 클로징 멘트는 “고객님, 그럼 지금 계약하시겠어요?”가 아니에요. 마지막에 던진 그 말로 다시 거부감이 올라와서 생각해보겠다며 돌아가버릴 수도 있기 때문입니다.

A

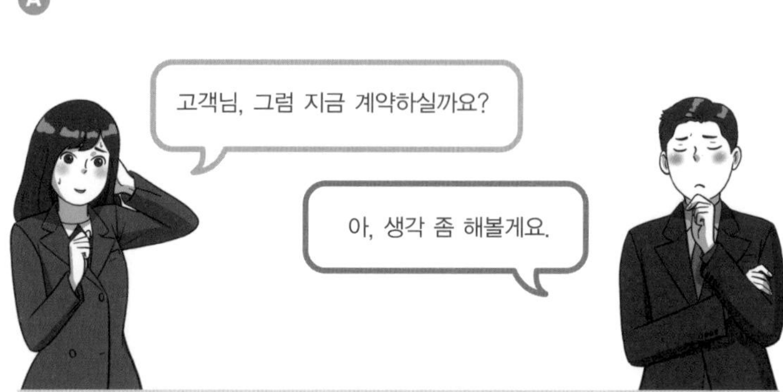

고객님, 그럼 지금 계약하실까요?
아, 생각 좀 해볼게요.

B

혹시 여기까지 궁금한 점 있으신가요?
택배는 언제까지 받으셔야 하나요?
저는 빠를수록 좋아요!

알면서도
묘하게 설득되는 언어

똑같은 질문에 다르게 대답했을 때의 차이점에 대해 이야기해보자.

고객: 비용이 우리 동네보다 조금 비싼 것 같네요.

A피부숍: 저희는 관리할 때 좋은 제품을 써서 그래요.

B피부숍: 네, 손님~ 그렇게 느끼셨군요. 이미 관리 효과를 보신 분들은 '○○○'이라고 하더라고요(만족했던 손님의 언어를 그대로 들려준다)**. 그래서 우리 숍은 단골들이 많답니다.**

고객이 비싸다고 말하면 대부분은 비싸지 않은 '논리적인 이유'를 찾아서 말하느라 바빠진다. 위의 예시에서 "저희는 관리할 때 좋은 제품을 써서 그래요" 처럼 말이다.

두 대답을 한번 비교해보자. 어느 쪽에 더 관리를 맡기고 싶은가? 한쪽은 상대의 말에 변호하는 것처럼 보이고, 한쪽은 내가 원하는 쪽으로 대화를 이끌고 있다. 자신이 가진 실력에 충분히 자신감이 있다면 그간 만족한 손님이 했던 이야기를 그대로 들려주는 편이 더욱 효과적이다. 물론 실제로 피부관리의 효과가 좋아야 하는 건 두말하면 잔소리다.

이런 화법은 일종의 '인용'이다. 내가 하고 싶은 말을 남의 입을 빌려서 하는 형식이다. 상대가 훈계 듣는 기분을 느끼지 않게 함과 동시에 내가 하는 말에 '객관성'이라는 권위를 부여한다. 내가 하는 말이 아니라 이 일을 경험해보거나 잘 아는 사람이 한 말이라는 점에서 더욱 신뢰를 준다.

한번은 일하면서 필요한 장비 세트를 구매하러 매장에 갔는데, 지인에게서 미리 추천받은 베테랑 판매직원이 자리를 비운 상태였다. 신입 판매직원이 대신해서 제품 설명을 해주었는데 만족스럽지가 않았다. 그냥 다음에 와서 살까 고민하던 중 마침 찾던 직원이 들어왔다. 그가 바로 교대해 들어와 제품 안내를 시작하니 뭔가 안심이 되는 기분이었다. 몇 분 지나지 않아 나는 추천받은 물건들을 잔뜩 사 들고 나왔다. 재미있는 건 그 판매자 역시 남의 입을 빌리는 화법을 능숙하게 쓰고 있었다.

"다른 건 몰라도 이건 싼 걸 쓰면 바로 티가 나는 상품입니다. 아끼려고 좀 더 저렴한 물건을 사셨던 분이 결국 다시 와서 이걸 사 가시더라고요. 이미 이 상품을 쓰시는 분들은 굉장히 잘 쓴다고들 하시고요."

어쩐지 편안하게 설명이 귀에 쏙쏙 들어오고 바로 물건을 사서 나오게 되더라니, 그도 역시 '남의 말 빌려 오기' 화법의 달인이었다. 이 방면으로 항상 귀가 열려 있는 나조차 잠깐 의식하지 못하고 마음을 열게 한 것이 이 '말센스'의 힘이다.

'실제 고객들이 들려준 이야기를 바탕'으로 다른 고객에게 전하면 된다. 한번은 한의사님과 상담실장님이 함께 수업을 들으러 왔다. 그때 고객이 했던 말을 그대로 다른 고객에 들려주는 것과 관련한 수업을 듣고, 배운 내용을 현장에서 적용하여 '매달 최고 매출'을 갱신한다는 소식을 알려왔다. 한 치과 대표원장님도 직접 와서 배웠다. 자신이 배운 것을 직원에게 가르치자 매출이 크게 상승하였다. 이미 여러 곳에서 검증되었으니 이제 당신이 해볼 차례다!

주하효과를 위한 말센스!

설득에서 논거를 제시할 때 '~하더라고요' 화법을 써보세요.
겸손해 보이면서 객관적으로 느껴져 효과가 좋은 화법입니다.

예) 치과에서 고가의 재료여서 환자가 망설일 때

이 재료로 하셨을 때
가장 '내 치아처럼 자연스럽다'고
하시더라고요.

예) 한의원에서 만성피로 환자에게 한약을 권할 때

이것 드시는 분들은
체력이 20대로 돌아간 것 같다고
좋아하시더라고요.

말 한마디로 3,000만 원을 번 사연

부동산 중개업을 하는 수강생 한 분이 찾아와 고민을 털어놓은 적이 있다. 건물을 사기로 한 손님이 갑자기 마음을 바꾸었다는 것이다. 계약금은 받았으니 그대로 끝내야 하는지, 손님을 다시 한 번 설득해야 하는지를 물어왔다. 그동안 공들인 계약이 수포가 되는 것이 안타까워 내게 상담을 요청한 것이다.

"마음을 바꾼 이유가 뭐라던가요?"

"건물을 사는 대신 꿈을 이뤄보기로 했대요."

"꿈이요?"

나는 상황을 좀 더 자세히 들어보기로 했다. 건물을 사려던 손님은 과거에 카센터를 운영하던 사람이었다. 꽤 오래 사업을 잘하고 있었는데 병으로 사업을 내려놓게 되었다고 한다. 잘 운영하던 카센터를 정리하는 건 당연한 수순이었다. 이후 건강을 회복하고 다른 카센터의 직원으로 들어가 일하며 갖고 있던 재산을 합쳐 건물을 사고자 했다. 그렇게 마음에 드는 건물을 발견해 계약하려던 순간, 오래전 이루다 만 '사장으로서의 꿈'이 불현듯 기억난 것이다.

사연을 들은 나는 수강생에게 좀 더 자세한 정보를 수집하고 다시 대화하자고 했다. 카센터를 운영할 때 예상 수입은 어떨지, 지금의 수입은 어떤지, 건물을 사게 되면 월세 수입은 어떻게 되는지 등 수익과 관련해 모두 알아 오게 했다. 그렇게 해서 얻은 정보로 나는 상황을 한 발짝 떨어져 살펴보았다.

확인해보니 그가 카센터를 운영하던 사장 시절 벌어들인 순

수익은 '월평균 700만 원' 정도였다. 그리고 매입하려던 건물의 월세는 250만 원, 현재 카센터 직원으로 일하면서 받는 월급이 400만 원이었다(합계 650만 원). 다시 말해, 700만 원과 650만 원으로 프레임을 좁히면 좀 더 문제가 단순해진다.

이 모든 건 내가 그 손님이라면 어떻게 했을까를 두고 생각해본 내용이다. 나라면 건물을 살 것 같았다.

건물주가 된다면?		**사장이 된다면?**
내가 일해서 받는 월급 400만 원 + 월세 수입 250만 원 = **순수익 650만 원**	VS	나의 노동력 − 마케팅 비용 − 직원 월급 및 관리비 − 세금 / 월세 등 = **순수익 700만 원**

50만 원의 차이를 극복할 전략

1. 가게를 운영하는 사장님이 매달 느낄 압박감
2. 건강을 잃었던 경험
3. 이후에 발생할 수 있는 건물 시세 차익

그렇게 해서 내가 느낀 진심을 토대로 손님에게 그대로 들려주라고 수강생에게 말했다. (단, 한 번에 이야기를 전부 쏟아내는 것이 아니라 중간중간 끊어가며 상대방이 맥락을 따라올 수 있게 소통해야 한다.)

"제가 사장님과 이야기를 나누면서 잘 되시면 좋겠다는 생각을 했어요. 한때 몸도 아프셨는데 이렇게 극복하시고 열심히 사시잖아요. 그래서 사장님 입장에서 생각해봤어요. 저라면 어떻게 할까 하고요. 처음엔 카센터를 차린다면 사장님 소리 들으며 직원도 거느리고 꿈도 이룰 수 있으니 얼마나 좋을까, 응원해야겠다 생각했지요.

. . .

그러다 또 한편으로는 이런 생각도 들었어요. 제 업무 특성상 회사 대표님들을 많이 만나는데요. 그게 보통 일이 아니구나, 할 때가 많아요. 직원들은 그냥 할 일 하고 월급 받으면 되지만, 사장님들은 쉬어도 쉬는 게 아니고 365일 사업 생각을 하시더라고요. 마케팅, 회계, 월세, 직원 관리… 이걸 혼자 다 하려니 얼마나 어깨가 무거울까 싶어요. 그래도 돈이라도 많이 벌면 할 만하니까 한번 따져봤는데, 그거 아세요? 지금처럼 직원으로 일하시면서 건물의 월세 받는 것하고 50만 원 차이더라고요.

· · ·

그래서 제가 다시 한 번 생각해봤어요. '카센터를 하면 다시 사장님 소리를 들을 수 있고 꿈도 이루니까 좋지만, 건물을 가지면 건물주는 아무나 하는 게 아니니까 그게 더 희소성 있는 것은 아닐까?' 하고요.

· · ·

게다가 잠깐 건강을 잃어보셨으니 건강을 챙기면서 퇴근해서 편하게 TV도 보고 가족들과 맘 놓고 여행도 다니고 하는 게, 어떨까 싶어요. 우리 사장님 생각은 어떠세요? 나중에 건물 시세가 오를 것까지 생각하면 후자 쪽이 어떨까 싶어요."

사실 이 말에는 설득의 요소가 고루 들어 있다. 첫머리에서 상대방의 생각을 지지해주고, '내가 당신이라면…'이라는 말로 같은 편이라는 느낌과 신뢰를 준다. 그리고 '제 업무 특성상…'이라는 단어는 말에 객관성을 부여한다. 이런 화법에 정보를 바탕으로 한 수익 비교까지 보여주니 하나의 강력한 설득 내러티브가 완성되었다.

마침내 그 손님은 자신의 결정을 번복해 건물을 사기로 했다. 둘 다 장단점이 있지만 수익을 비교했을 때 큰 차이가 없다는 점을 깨닫게 한 것이 주효했다.

대부분 사람은 고객에게 자신과 다른 입장의 말을 들으면 일단 반박하느라 애를 쓴다. 문제는 반박을 듣다 보면, 고객은 '팔려고 설득하고 있구나' 하는 느낌부터 받는다. 그로 인해 고객의 마음은 더 쉽게 떠나간다.

쓸까 말까 망설였는데 덧붙이자면, 건물 중개이다 보니 단위가 커서 저 말을 통해 받게 된 수수료가 3천만 원이었다. 애초에는 포기하려고 생각한 일이었는데, 말 한마디로 3천만 원을 번 셈이다. 말이 얼마나 중요한지 실감할 수 있다.

그 사람의 인생에 관심을 두고 적극적으로 질문해서 최대한 정보를 얻어라. 그러면 그 사람의 입장에서 그가 보지 못하는 것들을 볼 수 있게 된다. 그렇게 상대에게 좋은 것들을 찾아서 보여주면 거부할 수 없는 설득의 힘을 갖게 된다.

주하효과를 위한 말센스!

설득하면서 예를 들 때 '저라면~', '직업 특성상'이라는 말을 곁들여보세요. 하고자 하는 말에 객관성과 신뢰감을 실어줍니다.

예) 어린이 전집을 판매할 때

제 직업 특성상 어머님들을 참 많이 만납니다.
그때마다 느끼는 것이 뭔지 아세요?
공부에 대한 재미를 어떻게 심어주느냐가
아이들에게 참 중요하더라고요.

1조 4,000억을 이야기하라

특강을 할 때 일이다. 보험 상품을 판매하는 한 여성분이 나를 찾아왔다. 그 일을 시작한 지 4개월밖에 되지 않은 초보였다. 막 시작한 그 일을 잘하고 싶은데 어떻게 해야 할지 방법을 몰라 전전긍긍했다. 그날 특강의 특징은 두 번 만나서 스터디를 함께하는 것이었다. 그분에게도 미션을 하나 드렸다. 일을 시작한 지 얼마 되지 않은 사람으로서 실력을 앞세워 상품을 판매할 수는 없었다. 이럴 땐 회사의 후광을 업고 가야 한다고 조언했다. 그래서 드린 미션이 '작년 한 해 동안 회사에서 지급한 보험금 총액'이 얼마인지 알아보게 했다.

다음 주가 되어 그녀가 미션을 해결해서 돌아왔다. 그분의 말에 따르면, 그 회사가 보험료로 지급한 총액이 1조 4천억 원이었다. 이 사실을 바탕으로 고객과 상담할 때 쓸 수 있는 말을 골랐다.

"혹시 그런 이야기 들어보셨나요? '보험은 가입하는 것보다 받는 것이 더 중요하다'라는 말이요. 어쩌면 당연한 말일지도 모르겠네요. 작년 한 해 동안 1조 4천억 원을 고객에게 돌려준 회사가 있다는 사실을 들어보셨어요? 그래서 사람들은 큰 회사를 선호하는 거겠지요. '보험금 지급에 인색한 작은 회사'와 '한 해 1조 4천억 원을 지급하는 회사' 중에서 어떤 곳이 더 관대하게 보험금을 지급할까요?"

자신의 경력이 짧다면 외부 요건을 활용해야 한다. 이분의 경우 자신이 몸담은 대기업의 장점을 적극적으로 활용하여 고객에게 신뢰를 줄 수 있다. 한 문장으로 말하면 '1조 4천억 원을 돌려준 회사'라고 말이다.

내 첫 저서인 『끌리는 사람은 매출이 다르다』를 아직 못 읽은 분을 위해 그 책에 나온 내용 중 이 내용과 연결되는 이야기를 하나 소개할까 한다. 「30초 안에 상대의 마음을 사로잡아라」에 쓰였던 예시다. 어느 날 특강 시간에 한 여성분이 앞에 나와서 자신을 소개했다.

"안녕하세요. 분당에서 레스토랑을 운영하는 A입니다. 오늘 친구가 같이 가자고 해서 한번 와봤는데 좋은 시간이 되었으면 합니다."

30초라는 짧은 시간에 상대의 마음을 사로잡으려면 위의 문장보다 어떻게 말하는 것이 더 매력적으로 사람들에게 어필할 수 있을까? 나는 즉석에서 다음과 같이 말을 바꿔주었다.

"안녕하세요. 혹시 이런 곳이 있다면 어떨까요? 잘 아는 레스토랑이 있어서 그곳에 갈 때마다 VIP 대접을 받고, 서비스로 음식을 더 먹을 수 있는 곳이요. 그리고 그 자리에 함께한 일행 앞에서 당신을 치켜세워준다면 여러분이 사업하시는 데 도움이 좀 될까요? 만나서 반갑습니다. 일행들 앞에서 여러분의 어깨를 으쓱하게 해드릴, 분당에서 레스토랑을 운영하는 A입니다."

순간 큰 박수가 터져 나왔다. 그 이유가 무엇일까? 이 말 속에는 사람들의 심리를 자극하는 무언가가 숨어 있기 때문이다. 바로 '이득 제시의 힘'이다. 30초 안에 상대의 마음을 사로잡기 위해서는 내가 상대에게 이익이나 도움을 줄 수 있는 존재라는 사실을 각인시켜야 한다. 사람들은 누구나 자신에게 도움이 되는 사람을 좋아한다. 친구와의 관계도 알고 보면 '감정적 이득'이 관련되어 있다. 꼭 물질적 이득이 아니더라도 감정적 교류나 평안, 위안, 즐거움을 주는 사람과 어울리게 마련이다.

비슷한 사례로 우리 수강생 중에 가발 매장을 꽤 많이 가진 대표님이 있다. 그분께 내가 짜드린 멘트도 비슷한 맥락이었다. 지금까지 다녀간 총 고객의 수를 파악해서 고객에게 알려주는 것이다. 예를 들어 총 고객의 수가 몇만 명이라면 '몇만 명이 10년씩은 다 젊어져서 나간 집'이 된다. (실제로 머리숱이 있고 없고가

10년은 좌우하기 때문이다.) 큰 포인트를 잡았으면 이번엔 말에 디테일을 입힐 차례다.

30초라는 짧은 시간 안에 메시지를 전달하기 위해서는 메시지를 키워드의 형태로 단순화해야 한다. 즉, 문장 전체를 암기하는 것이 아니라 자신을 나타낼 수 있는 몇 개의 키워드를 머릿속에 넣고 다니다가 때와 장소에 맞게 자연스러운 문장으로 조합하는 것이 포인트다.

우리의 강점을 한마디로 정리해보자. 사람들은 비키니와 같이 섹시한 말을 좋아한다. 그런데 자신의 강점을 강점답게 제대로 표현하지 못하는 사람들이 많다. 뻔한 이야기로 들리게 말하는 것이다. 말이란 참으로 중요하다. 같은 말에 조사 하나가 바뀌어도 뉘앙스가 달라지기 때문이다. 그래서 나는 수강생들에게 멘트를 만들어준 후 '제발 여기에 뭘 덧붙이지 말고 그대로 외우라'고 누누이 강조하며 웃곤 한다.

우선 각자 자기가 가진 상품의 특장점이 무엇인지 찾고 그것을 효과적으로 전달할 수 있는 한마디를 고민해보자.

말을 할 땐 상대방에게 이득을 제시하세요.

예) 화장품 판매자가 장점인 기술력을 자랑할 때

꽂히는 말들의 비밀

비유는 표현이나 설득에 필요한 수사법 중 하나다. 사전적 의미를 살펴보면 '어떤 현상이나 사물을 직접 설명하지 않고 다른 비슷한 현상이나 사물에 빗대어 설명하는 일'을 말한다. 즉, 비슷한 성질의 예를 들어 이해를 빠르게 돕는 것이다. 비유를 적절히 활용하면 상대가 모르는 것을 이미 아는 것과 연결하여 한 번에 이해하게 만든다.

우리 수강생 중에 중소기업이 안고 있는 문제나 리스크를 살펴 비용을 절감해주는 분이 있다. 15년 넘는 경력을 자랑하는 베테랑이다. 지금은 이런 경력을 토대로 창업해서 컨설팅업체를 운영하고 있다. 어느 날 그가 나를 찾아와 질문했다.

"할 것처럼 하더니 마지막 순간에 계약을 안 하는 사람들이 있어요. 뭐가 문제일까요?"

비용을 절감하는 방안은 분명 중소기업에게도 좋은 일이다. 무엇이 문제였을까? 자초지종을 들어보니, 상담 마지막에 컨설팅 비용을 딱 한 번 언급하는데, 그게 문제였다. 아무래도 컨설팅 비용이 너무 크다고 생각하여 마지막에 마음이 돌아서는 것이다.

그럼 어떻게 말을 해야 컨설팅 비용을 낼 만하다고 생각할까? 첫째로, 내가 종종 쓰는 비유처럼 '총알을 모아야 한다'. 많으면 많을수록 좋다. 예를 들면, 현재까지 회사를 운영하며 쓴 돈이 총액으로 얼마나 되는지 계산해보게 한다(인건비, 운영비, 세금 등등). 혹은 회사 마케팅 비용은 얼마를 쓰는지, 임원들 월급은 얼마씩 주고 있는지 등에 관해 자료를 모으는 것이다. 이러한 비용을 이야기한 후 컨설팅 비용을 말하면 상대적으로 컨설팅 비용이 적어 보이기 때문이다.

"지금까지 우리가 회사를 운영하면서 쓴 돈이 ○○이 넘는군요. 뭘 하면 우리가 회사의 수입을 높일 수 있을까요?"

둘째, 이럴 때 비유가 참 효과적이다. 예를 들면, 회사에서 새고 있는 지출을 '밑 빠진 독'에 비유하는 것이다. "독의 바닥이 깨져 있을 때 물을 계속 붓는 것이 중요할까요? 아니면 독의 물이 새지 않도록 막는 것이 더 중요할까요?" 이런 식으로 비유를 들어 이야기한다.

힘든 프로젝트를 진행하거나 리스크가 높은 일에 도전할 때 우리는 흔히 등산에 비유하여 말한다. 어려운 지식을 쉽게 전달할 때도 적절한 비유를 쓰면 쉽게 이해시킬 수 있다. 이러한 비유를 잘 활용하려면 어떻게 해야 할까? 일단 평소에 떠오르는 표현을 잘 메모해둔다. 샤워하다가 혹은 산책하다가 불현듯 영감이 떠오를 수 있는데 기억해두지 않으면 순식간에 사라져버린다. 일상생활 곳곳에 비유가 가득하다. 생활 속에서 비유할 거리를 수집한다. 비유하려는 것과 비유 대상, 그 둘 사이의 비슷한 점을 찾으면 된다.

실제로 위에서 말한 컨설팅업체는 빠르게 성장했다. 이미 그 분야 베테랑인 점도 한몫했다. 세상엔 전문성을 갖고도 효과적으로 전달하지 못하는 사람이 너무나 많다. 그렇기 때문에 말 한마디 한마디가 얼마나 중요한지 많이 느끼곤 한다. 말센스에 따라 물건을 살 사람이 안 사기도 하고 안 사려던 사람이 사기도 한다. 이것 하나만 기억하자. 딱딱하게 정보만 전달할 게 아니라 비유를 섞어 말할 때 훨씬 더 심장에 꽂힌다는 것을.

주하효과를 위한 말센스!

『성경』을 보면 예수님은 비유의 달인이에요.
비유법을 써서 천국 복음을 전했어요.
비유를 적절히 섞는다면 더욱 효과적인 말하기가 된답니다.

예) 좋은 물을 판매할 때(정수기, 이온수기 등)

Ⓐ

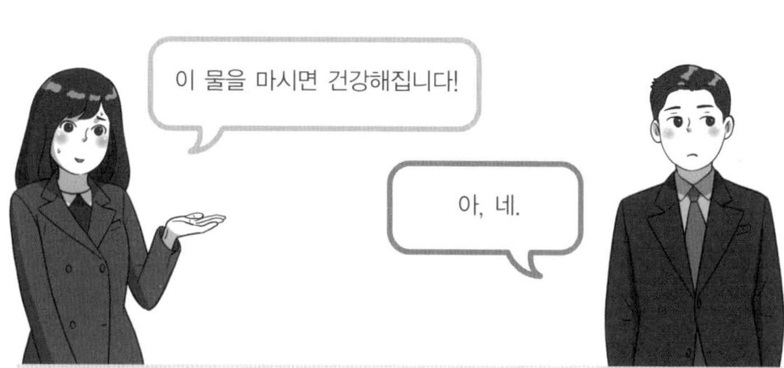

Ⓑ

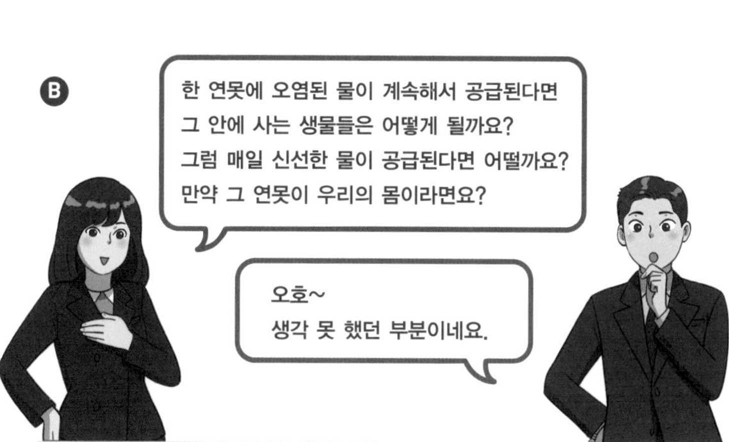

앞으로
시각 언어가 지배한다

재작년 마장(말을 키우는 곳)을 운영하는 삼촌에게 들렀을 때의 일이다. 삼촌은 마장엔 모기가 많으니 선풍기 앞으로 오라고 했다. 모기가 선풍기 바람을 피한다는 것도 재미있었지만, 선풍기 앞에 옹기종기 모여 있는 우리 모습도 재미있어서 한참 웃었던 기억이 있다.

그 후 삼촌 댁에 선물할 일이 있어 고민하던 중 그때 기억이 떠올라 모기 기피제로 정했다. 인터넷 쇼핑몰을 여기저기 뒤지다가 독특한 판매자를 발견했다. 홈페이지에 영상 하나를 올려

두었는데 꽤 인상적이었다.

유리 상자에 수많은 모기를 잡아넣은 후 자신의 팔을 집어넣는 것이다. 순간 너무 놀랐다. 팔 위로 모기떼가 몰려들었기 때문이다. 마치 내 팔이 물리는 기분이었다. 그다음 영상으로 넘어가 이번에는 팔에 모기 기피제를 뿌린 후 유리 상자에 넣었다. 영상을 보자마자 상품구매 버튼을 누르고 있는 나를 발견했다. 모기가 전혀 팔 근처로 모이지 않았기 때문이다. 나는 그 판매자의 상품을 몇 통이나 결제해 삼촌 댁으로 보냈다.

꼭 그 판매자의 제품만이 효과가 있는 것은 아닐 것이다. 그런데도 굳이 그 판매자의 물건을 산 것은 그가 시각과 재미라는 감성으로 나를 사로잡았기 때문이다.

앞으로는 '시각화'가 더욱더 중요해질 것이다. 웬만하면 품질은 다 괜찮은 시대라, 요즘 사람들은 브랜드를 그리 따지지 않는다. '피부 좋은 인플루언서'가 추천하는 생소한 화장품, 감성 디자인 상품이 불티나게 팔리는 이 시대엔 시각적으로 설득력을 갖는 것이 중요하다. 요즘의 소비자를 사로잡으려면 먼저 그들의 눈과 감성을 사로잡아야 한다.

배너 하나 바꿨을 뿐인데

블로그나 전단지 혹은 배너를 만들 때도 마찬가지다. 일단 눈에 띄지 않는 글은 다 빼야 한다. 아래는 건강 관련 사업을 하는 한 수강생이 제작한 내용을 내가 다시 바꿔준 배너이다.

그분의 프라이버시를 위해 내 얼굴로 바꿔 넣었다. 왼쪽 배너가 원래 사용하던 것이고, 오른쪽은 내가 직접 디자인과 인쇄까지 마무리하여 전달한 배너이다. (경상도에서 사업을 하기 때문에 그

동네 사투리를 넣어 친근감을 높였다.)

배너를 바꾼 후 결과는 어땠을까? 실제 오른쪽 배너를 사용한 후 찾아오는 고객의 수가 늘었고, 그달 매출이 역대 가장 높았다고 한다. 다만, 의료계에 종사하지 않다 보니 실수가 있었다. '통증'이라는 단어를 함부로 쓰면 의료법 위반이 된다는 사실을 미처 몰랐다. '도움이 된다', '편해진다' 정도로만 써야 한다고 하여 수정해서 사용하기로 했다.

배너 하나 바꿨을 뿐인데, 신규 손님들이 관심을 갖고 매장을 찾아왔다. 배너뿐 아니라, 홍보물도 비슷한 느낌으로 바꾸었는데 그달에 최고 매출을 갱신했다는 기분 좋은 소식을 전해 들었다.

우리가 무언가를 판단할 때 활용하는 감각의 90%는 시각이다. 심지어 말로 설득할 때조차 말의 내용보다 눈에 보이는 신체 언어가 더 큰 설득 요인으로 작용한다고 한다. 시각을 사로잡는 일의 중요성은 말로 다 설명할 수가 없다.

무엇을 보여줄 것인가? 해답은 거기에 있다.

주하표 한마디!

앞으로 일어날 일을 상상하게 하라

보험회사에서 일하시는 분이 말이 어눌하다며 어떻게 하면 좋을지 문의를 해왔다. 좋은 투자 상품인데도 말센스가 부족하여 잘 권하지 못했다. 확실히 좋은 상품이라면 자신감 있게 권해야 한다. 자신감 있고 유쾌하게 말하면 사람들은 우리의 말에 주목한다. 진짜 상대방을 도와주는 건 투자를 잘하게 이끌어 돈을 더 굴려주는 데 있다. 투기가 아닌 이상에야 좋은 정보를 제공해주고 선택은 스스로 하게 하면 된다.

이때 고객의 선택을 좀 더 수월하게 하는 방법으로 상상력을 이용하는 방법이 있다. 예를 들어 나이 든 고객과 투자 상품을 상담한다고 해보자. 월 200만 원의 수익을 기대할 수 있는 투자 상품을 권할 때 어떻게 말하면 좋을까?

"어머니, 어머니한테 아들이 하나 있는데 그 친구가 장차 월 200만 원씩 용돈을 줄 효자라는 걸 미리 알게 됐어요. 근데 그 친구가 만약 유학을 보내달라고 하면 어떻게 하실 건가요? 보내실 건가요? 요새 보통 아이들 유학 보낼 때 얼마가 든다고 하던가요?"

이런 이야기를 쭉 나누다 보면, 매달 유학비로 지불해야 하는 돈을 가늠해보며 적지 않은 비용을 댔다는 주변의 사례가 나온다. 그때 이렇게 이야기하는 것이다.

"어머님, 양자 하나 들이시지요~!"

실제로 이 화법은 너무도 잘 먹혔다. 나중에 월 2백만 원씩 용돈을 받는 상상을 하게 만들었기 때문이다. 투자 상품이든,

연금이든 이런 상품들은 대체로 금액대가 높은 편이다. 수수료로 받은 금액들도 상당했다. 그전에 열심히 상품만 설명할 때와는 비교도 안 될 만큼 성과가 좋았다.

나는 현재 다양한 업종의 사람들을 돕고 있다. 모든 업종에서 내 도움이 통하는 것은 결국 상품만 바뀔 뿐이지, 사람의 심리는 비슷하기 때문이다. 그래서 업종을 파악하고 나면 비교적 쉽게 화법과 마케팅 문구를 잘 짜주는 것이 나의 달란트다. 그리고 그 화법은 매출과 바로 직결되곤 한다. 누구에게나 각자의 달란트가 있는 법이다. 내가 가장 자신 있는 것은 매출을 올리는 화법이다. 그래서 '주하효과'라는 것이 수강생들 사이에 계속해서 회자된다. 주하효과를 일으키는, 간단하지만 효과가 좋은 방법 중 하나는 바로 사람들을 상상하게 하는 것이다.

주하효과를 위한 말센스!

상품 설명을 나열하기보다 고객을 상상하게 도와주세요.
예를 들어 신차를 판다고 했을 때 차의 성능에만 치중하는 것이 아니라, 고객을 상상하게 하는 것이 더 효과적이에요.
고객이 새 차에 가족이나 애인을 태우고 멋진 곳으로 드라이브하는 상상을 할 수 있게 자극해보세요.

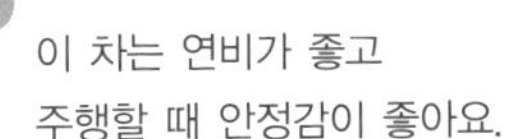

A
이 차는 연비가 좋고
주행할 때 안정감이 좋아요.

B
차를 뽑으면 누구에게
제일 먼저 보여주고 싶나요?
이 차에 어떤 분을
태우고 싶으세요?

돈은 희망을 주는 사람을 좋아한다

지인의 자녀가 다소 산만해서 사설 상담센터에 등록해 다니게 되었다. 상담 후 아이의 상태가 꾸준히 좋아져 이제 상담을 끝내도 괜찮겠다 싶었다. 마지막 상담을 마치고 부모 상담을 할 때였다. 상담사가 이런 말을 했다.

"초기에 오셨기 때문에 아이가 많이 좋아졌습니다. 지금 상태면 어디에 가든 적응 잘하고 학교생활도 잘할 수 있을 거예요. 그런데 부모님, 우리 ○○는 완벽한데 딱 하나 걸리는 게 있어요."

그 말에, 지인은 '딱 하나 걸리는 것'이 무엇인지 물어보지 않을 수 없었다.

"이렇게 빠른 기간 내에 좋아진 아이들은 재발하는 경우가 많더라고요. 지난번에도 상급학교에 진학한 후 다시 내원한 아이가 있었지요. 아직 어른들 말을 잘 듣는 초등학생일 때 확실하게 잡아주는 게 좋겠다 싶기도 합니다. 한 석 달만 더 상담하며 지켜보면 좋겠는데요."

그날 지인은 신용카드로 석 달분 상담료를 결제하고 돌아왔다.

만약 상담사가 거두절미하고 "재발할 우려가 있으니 석 달만 더 상담받으시는 게 어떨까요?" 하고 말했다면 더 이상 상담을 받지 않았을 가능성이 크다. 부모 입장에서는 몹시 낙담이 되었을 것이다. 이만큼 노력했는데도 더 받아야 한다면 앞으로 받을 상담도 크게 효과가 없을 거라는 생각이 들지도 모른다. 위 상담사가 첫 번째로 잘한 것은 부모의 희망에 상처를 입히지 않은 점이었다.

두 번째는 상담이 더 필요한 날짜를 명확하게 제시했다는 점이다. 만약 막연하게 연장을 제안했다면 분명히 망설였을 것이다. 석 달이라는 기간과 그 기간 투자한 결과에 대해 확신을 주었기 때문에 그 제안을 쉽게 받아들일 수 있었다.

희망을 주는 말을 건넨다

협회 수강생들의 잘되는 노하우나 비법을 다 노출할 수는 없기에 일일이 예시를 들 수는 없다. 하지만 누구나 간단히 따라 할 수 있고 효과도 큰 비법이 있어 소개하고자 한다. 바로 희망을 주는 말이다.

피부 관리실 운영의 달인인 어느 원장은 관리를 받는 손님에게 꼭 이런 말을 하곤 한다.

"지난번 오셨을 때보다 등 쪽에 결림이 많이 좋아지셨네요."

"저번보다 피부에 수분이 더 찼는데요?"

이처럼 '지난번'을 기억해주고 더욱 희망을 주는 말을 건넨다. 그 말을 듣는 손님은 어떤 인상을 받을까? 물론 아부나 과장이어서는 곤란하다. 이것은 사실을 기반으로 해야 한다. 그러려면 민첩하게 고객에게 관심을 기울여야 하고 변화를 알아차릴 정도로 전문가가 되어야 한다.

희망을 주는 말의 효과는 그대로 매출로 이어진다. 세심하게 신경을 써주고, 어딘가 나아진 부분을 확인받을 수 있으니 계속 오고 싶기 때문이다.

진실하고 솔직하되,
만나는 사람의 편이 되어주는 법

한번은 백화점 의류 모 브랜드 판매원들을 상대로 강의를 했다. 손님에게 터무니없는 칭찬을 하지 말라고 강조했다. 누가 봐도 팔이 끼고 옷이 작은데 "어머, 잘 맞아요. 너무 예쁘세요" 하고 말하면 어떻겠는가?

솔직하지 못한 태도로 인해 매출에 안달한 사람으로만 여겨진다. 이쯤 되면 그를 더 이상 '내 편'이라고 인식하지 않기 때문에 고객은 그가 하는 말을 흘려듣는다. 같은 상황이라면 차라리 이렇게 얘기해보자. (실제로 글래머일 경우) 고객이 옷이 작아서 난처해할 때 "글래머이시니 더 라인이 예쁘게 빠지는 옷으로 찾아드릴게요. 잠시만요" 하고 말하는 것이다. 혹 콤플렉스로 여겨질 수 있는 부분을 상대방의 장점으로 승화시켜 이야기함으로써 상대의 자존감을 높여주자는 말이다.

서양에서는 상대의 입장에서 생각해보는 것을 '그 사람의 신발을 신어본다'라고 표현한다. 어느 부분이 끼는지 자신마저 못 느끼는 불편함을 찾아 고쳐주는 것이다. 상대의 마음을 이해하고 거기서 우러난 진심을 전해야 내가 그의 편이라는 확신을 줄 수 있다. 그 순간만이라도 상대방의 신발을 신어보려는 태도가 있어야 그 사람의 마음을 얻을 수 있다.

주하효과를 위한 말센스!

메시지를 전달할 때 당신의 정직성과 신뢰할 수 있는 '근거에 초점을 맞춰'보세요.
회사의 희망적인 데이터를 적극적으로 활용해보세요.

예) "당신의 팔 통증은 30일 내로 사라질 것입니다."
"지금까지 1만 명이 팔 통증을 치료했습니다."

예) 헬스장에서 PT(퍼스널트레이닝)를 받으면서 회원의 몸이 좋아진 부분이 있다면 사실을 근거로 들려준 다음 앞으로 더 좋아질 수 있다는 희망을 주세요.
피그말리온 효과(타인의 기대나 관심으로 인하여 능률이 오르거나 결과가 좋아지는 효과를 말한다)처럼 실제로 더욱 좋아질 거예요.

A

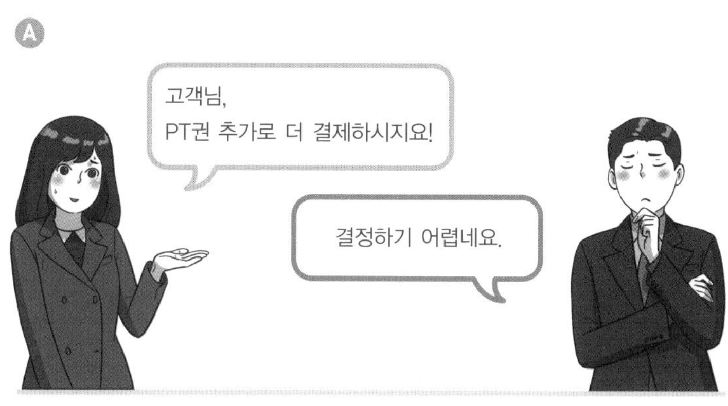

B

고객이 깎아달라고 할 때

한번은 백화점 가전 코너에 갔다가 옆에서 냉장고를 구경하고 있는 부부를 보았다. 그 옆에서는 판매직원이 열심히 냉장고 기능을 설명하고 있었다. 그때 한참 설명을 듣던 남편이 이렇게 말했다.

"… 가격이 인터넷보다 십만 원 더 비싸네요."

그때 내 눈에 싸늘하게 식어가는 직원의 표정이 보였다. 매장 운영비와 수수료가 붙는 백화점 물건과 인터넷 최저가를 비교하는 건 사실 어불성설이다. 직원 입장에서 보면 말문을 막는 손님이 유쾌하지 않은 것은 당연한 일이다. 직원은 이 손님은 안 되겠다 싶었는지 천천히 둘러보시라는 말과 함께 다른 손님에게 가버렸다. 물론 그 판매직원이 잘못했다는 것은 아니다. 그러나 내 눈에는 인터넷 가격까지 운운하는 그 고객의 속마음은 이렇게 말하는 것으로 보였다.

'이 물건을 지금 이곳에서 사고 싶도록 나를 좀 설득해주세요.'

인터넷 가격이 백화점 가격보다 더 싸다는 것은 누구나 아는 사실이다. 그런데도 그런 말을 한 것은 그의 마음에 갈등이 있음을 보여준다. 인터넷 가격을 확인하고 직접 실물을 보고 싶어서 왔는데, 막상 보니 물건이 좋아져서 바로 사 가고 싶은 마음도 드는 것이다. 그런데 가격 차이가 뻔히 보이니 손해를 보는 것 같아 직원에게 한마디를 던져본 것이다. 만약 내가 그 직원이었다면 이렇게 말했으리라.

“인터넷 가격이 더 저렴할 순 있습니다.^^ 그리고 한 가지 여쭤볼게요. 여기 근무하다 보면 많은 분을 만나는데 백화점에서 바로 제품을 구입하는 분들도 꽤 많으세요. 그분들이 저희 매장에서 바로 사 가는 이유가 뭘까요?”

그렇게 말하면 대개 고객들은 잠시 생각에 잠겼다가 백화점에서 사면 좋은 이유를 예측하여 답한다.

“뭔가 혜택이 더 있나요?”

“글쎄요? 상품권을 사은품으로 받으면 크게 차이가 안 나는 것 같기도 하네요.”

“언젠가 백화점 물건에 부품을 더 좋은 것으로 쓴다는 얘기가 있던데 진짠가요?”

내가 해야 할 말들을 고객이 대신한다. 질문에 대답한 고객은 자신의 말에 스스로 설득되기 쉽다. 거기서 물건을 사야 할 이유를 알아서 찾는다. 그리고 그 과정에서 직원이 설득해서가 아니라 자신의 판단으로 결정을 내리고 있기에 더욱 능동적으로 임하게 된다.

나는 누군가를 설득하려고 할 때 항상 상대에게 충분히 생각할 시간을 준다. 의외로 내가 말을 많이 하는 법은 없다. 오히려 질문함으로써 상대방에게 더 많은 말을 하게 한다. 그래서 자신이 스스로 결정했다는 기분을 느끼게 한다.

그럴 즈음, 줄 수 있는 혜택을 최대한 얹어주면 된다. 예를 들어 소모성 부품을 더 끼워준다든지, 다른 제품에 같이 나온 사은품을 준다든지 성의를 다하는 것이다. 그렇게 하면 내가 주는 것이 고객이 생각하는 금액만큼의 혜택은 아니라고 해도 그가 설득될 가능성이 크다. '좋은 기분' 자체도 심리적 이득이기 때문이다. 갈등하며 이쪽으로도 저쪽으로도 기울지 못하는 마음의 저울에 '살짝 추를 얹어주는' 셈이다.

선택의 기로에서는 누군가 자신을 설득해주었으면 하는 바람이 있다. '믿을 만한 근거'로 확신을 심어준다면 충분히 설득당할 의사가 있기 때문이다.

그래서 나는 상대에게 정말로 필요한 것이 아니라고 생각되면 제안을 하지 않는다. 절대적으로 좋은 선택이라는 건 없지만, 내가 입장 바꿔 생각해보고 '나라면 선택하겠다'라고 여겨지는 것을 제안한다.

누군가를 설득하고 싶다면 상대방 편이 되어 객관적인 의견을 내놓는 것이 좋다. 무조건 밀어붙이는 식은 위험하다. 상대가 당신을 '물리쳐야 할 유혹자'로 적개심을 갖지 않을 때 비로소 협상이 시작될 수 있다.

주하효과를 위한 말센스!

상대에게 하고 싶은 말이 있으면 그 말이 상대의 입에서 나오게 해보세요.

예) "사람들이 매장에서 바로 사 가는 이유가 뭘까요?"
"사람들이 헬스장에서 PT를 끊는 이유가 뭐라고 생각하세요?"

예) 컨설턴트가 고객에게 재무컨설팅을 제안할 때

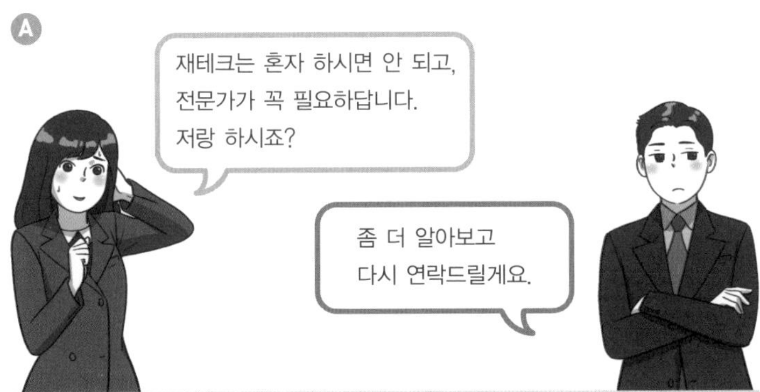

주하효과를 위한 말센스!

사람들이 하는 말을 번역기로 돌려보세요.
사람들의 진짜 속내를 찾으면 협상은 의외로 쉬워진답니다.

예) 여자친구가 "오늘 전화할 시간도 없이 바빴어?"라고 물을 때, "나 오늘 당신 전화 기다렸어요. 일과 중에 한 번씩 날 떠올려줬으면 좋겠어요"라고 진짜 속마음을 번역할 필요가 있답니다.
그럼 다툴 필요 없이 "미안, 내 전화 기다렸구나. 앞으로 더 자주 전화할게"라고 말하면 상대방의 섭섭한 마음이 눈 녹듯 녹는답니다.

협상 상대를 줄여라

오래전 내가 횟집에서 아르바이트할 때 일이다. 단체 손님이 오면 늘 얘기가 오가다 마지막 말은 "아, 그냥 제일 싼 거 시켜"로 끝났다. 나는 어떻게 해야 '내가 권하는 메뉴를 먹게 할까'를 고민했다. 그러다 주문을 받기 전에 '결정권자 줄이기' 작업을 먼저 하기로 했다.

우선 손님들이 앉자마자 바로 음식을 먹을 수 있도록 서비스 전채요리를 내어주고 이렇게 말했다.

"많이들 드시고요. 더 필요하시면 말씀하세요!"

배고픈 손님들이 전채요리에 몰두해 있는 그때가 바로 주문을 받아야 할 순간이다.

"이 중에 주문하실 분은 누구세요? 딱 두 분만 손들어주세요."

처음엔 여러 명이 관심을 두다가 두 명이 추려져 자리에서 일으켜 세웠다. 다른 사람들은 먹느라 행복하다. 이렇게 20명이 아닌 2명과 협상을 하게 되니 대부분 내가 원하는 결과를 얻을 수 있었다. 결정해야 하는 상황에서 그 결정에 개입하는 사람이 많아지는 건 좋지 않다. 단체 손님 모두가 한 마디씩 보태며 이러쿵저러쿵 메뉴 정하기에 가담하다가는 '에라 모르겠다. 그냥 제일 싼 거 시키자'라는 결론에 이르기 쉽다.

그렇게 주문까지만 밀당(?)하다가 메뉴가 결정되고 나면 최선을 다해 잘 해주는 게 내 철칙이었다. 그랬더니 손님들은 내게 적지 않은 팁을 건넬 정도로 기분 좋아했고, 나도 맛있는 메뉴를 추천할 수 있어 양쪽 다 윈윈하는 결과를 얻곤 했다.

일 대 다수와 협상하기는 쉽지 않은 일이다. 사공이 많으면 배가 산으로 간다고 뭔가 하나로 결론을 내리기가 어렵다. 협상을 하려면 일단 선명하게 의사소통할 수 있는 환경을 조성해야 한다. 그건 상대방이 원하는 것을 제대로 파악하고 그것을 내가 바로 제공할 수 있게 하는 데도 필요한 일이다.

손님 친구를 내 편으로 만든다

전에 옷가게를 하는 사장님의 매출 올리는 것을 도운 적이 있다. 그에게 장사하면서 어려운 점이 뭐냐고 물었더니 다름 아닌 '손님의 친구'라고 했다. 정작 옷을 사려는 본인은 입어본 옷을 마음에 들어 하는데, 꼭 함께 나온 친구들이 사는 걸 말린다는 거였다.

사실, 친구들과 함께 옷 쇼핑을 나선 이들은 만만치 않은 손님이긴 하다. 모두의 취향에 맞아야 합격점을 받기 때문이다. 본인의 취향이 뚜렷하면 자신의 취향을 강요하는 친구들 말을 한 귀로 듣고 흘리겠지만 그런 이들은 애초부터 친구들과 쇼핑을 잘 다니지 않는다. 그렇기에 친구들의 말 한마디는 절대적인 영향을 미친다.

어떻게 친구들을 내 편으로 만들 수 있을까?

나는 옷가게 사장님에게 미션 하나를 제안했다. 고객에게 '부담 없이 줄 수 있는 선물 구비해놓기'였다. 예를 들어 머리끈이나 파우치, 에코백 등 반응이 좋은 것을 준비해놓는다. 사은품 개념으로 저렴한 선물을 맞춤 주문하면 생각보다 비용이 많이 들지 않는다.

그리고 친구들과 손님이 우르르 오면, 옷을 입어보는 동안 다른 친구들에게 이렇게 묻는다.

"이 중 가장 입김이 센 분이 누구세요?"

그러면 그들 사이에서 목소리 큰 누군가가 꼭 추려지기 마련이다. 그 친구에게 선물 하나를 주며 이렇게 말한다.

"그러세요? 그럼 선물 하나 드려야겠네요. 저희 가게 입소문 좀 내주세요."

뜻밖의 선물을 받고는 다들 놀라워하며 기뻐한다. 받는 쪽에서야 정말 입소문 내달라고 주는 선물이겠거니 생각하지만 일단 그렇게 선물을 받고 나면 친구가 입고 나온 옷을 보고 사지 말라는 악평은 차마 하지 못한다. 만약 그 자리에서 다른 친구들이 자신도 달라며 끼어들 기세면 좀 더 편하게 줄 수 있는 선물을 내어주자. 그렇게 하면 혼자 온 손님에 비해 부담이었던 친구들이 도리어 든든한 아군이 되어줄 것이다.

그리고 가격에 관한 이야기를 잠깐 하고 싶다. 가격을 합리적으로 정했다면, 물러서지 말고 줄 수 있는 것들을 더 고안해서 손님을 기쁘게 하는 쪽이 낫다. (깎아주다가 집에 생활비도 못 가져가는 분들을 무수히 보았기 때문이다. 손님도 기쁘고 모두가 행복한 경영을 하기 바라는 마음이다.)

가격을 쉽게 깎아줄수록 손님은 오히려 '더 안 깎으면 손해 보는 것 아닐까?'라는 의구심을 품는다. 쉽게 깎아줄 수 있다는 건 이윤이 많이 남아서라고 생각하기 때문이다. 그러나 이윤이 많이 남아서가 아닌 경우도 많다. 나도 여기저기서 매일 소비자로 살아가지만, 착한 업주들을 보면 속상하다. 월세 내고, 월급 주고, 세금 내고 나면 막상 직장인 월급보다 못한 금액을 벌어갈 때가 많다. 그러니 정찰제라고 분명히 양해를 구하고 할인을 해주는 대신 사은품을 챙겨주는 것이 손님의 기분을 위해서도, 가게 매출을 위해서도 낫다.

한 음식점에서 15,000원 이상 음식을 시키면 고르곤졸라 피자를 공짜로 제공한다고 한다. 사람들 생각에 고르곤졸라 피자는 15,000원이 넘는데 그것을 공짜로 주니 '이렇게 해서 과연 남는 게 있을까?' 싶지만, 원가가 생각보다 얼마 되지 않는다는 말을 들었다. 원가가 예측되는 서비스보다 좀 더 기쁨을 주는 방법이 없을지 궁리해보자. 같은 돈을 쓰더라도 효과적으로 만족하게 하는 것이 서비스의 핵심이다.

주하표 한마디!

나는 당신이 지난여름에 한 일을 알고 있다

지인이 동네에 새로 생긴 의원이 친절하다고 소문이 자자하다며 원래 다니던 병원에서 그쪽으로 옮겼다. 첫 진료에서 '과연 의사가 친절하긴 하구나'라고 생각했는데, 인기의 비결을 알게 된 건 두 번째 진료를 받았을 때였다. 그가 진료실에 들어섰을 때 의사가 인사를 하며 이렇게 말했다.

"전에 아프시다던 목은 좀 어떠세요? 교사시니까 아이들 가르치려면 목을 쓸 일이 많으실 텐데요."

수십 년 병원을 드나들면서 증세를 설명하려고 밝혔던 자신의 직업까지 기억하고 안부를 물어준 의사는 그때가 처음이었다. 그 말 한마디에 감기에 시달린 몸이 치유 받는 기분이었다. 물론 그도 의사의 놀라운 기억력의 비밀을 알고 있었다. 하루에도 수십 명의 환자를 대하는 의사가 어떻게 각 환자가 한 말을 다 기억하겠는가. 당연히 환자 차트에 메모해둔 내용을 보면서 말한, 일종의 '차트 읽기'였다. 그러나 그걸 알면서도 기분이 좋더라는 것이다. 환자의 말에 귀 기울이고 관심을 보여주는 태도 자체가 마음을 움직였다.

예전에 어느 박사님이 대한민국이 어려워져도 끝까지 살아남을 기업으로 '○○야구르트'를 뽑았다는 흥미로운 이야기를 들었다. 이유인즉, 야구르트 배달원들은 자기 구역의 아이들 이름을 다 외운다는 것이다. 관심으로 맺어진 관계이기에 오래간다는 것이 그 이유였다.

"얼마 전에 주하 아빠 만났는데 요새 술자리가 많다고 하더라구요. 괜찮나요?"

그렇게 주하네 집에는 헬리코박터가 들어가게 된다고 한다.

누군가의 마음을 얻고 싶다면 상대에게도 와닿는 관심이 표현되어야 한다. 명절에 조카 나이도 제대로 기억하지 못하면서 취직은 언제 할 거냐고 묻는 것을 관심이라고 할 수 없는 것과 마찬가지다. 당신이 그 조카 입장이라면, 잡채를 좋아하는 입맛을 기억하고 잡채 그릇을 당신 앞으로 밀어주는 삼촌이나 고모를 더 자신에게 관심 있는 사람이라고 느끼지 않겠는가.

기억할 수 없다면 메모를 활용하는 것도 좋은 방법이다. 내가 아는 한 사업가는 누군가를 만나고 나면 그날 나누었던 대화나 상대에 대한 정보를 휴대폰 주소록에 키워드로 메모해놓는다. 그러면서 다음 통화할 때 그 메모를 보고 안부를 묻는다. 그런 습관 덕에 주소록 속 수천 명의 사람 중 그 누구와 소통을 해도 상대에게 '나에게 관심 있구나' 하는 인상을 줄 수 있었다. 한마디로 관심의 시스템화다.

손님과의 거리를 난로처럼

요즘에는 손님을 어떻게 대해야 할지 모르겠다고 하소연하는 사업자들이 부쩍 늘었다. 매장에 들어온 손님에게 너무 관심을 보이면 부담스러워하고, 혼자 내버려 두면 불친절해 보인다는 거다. 그럴 때 내가 늘 하는 말이 있다.

"손님 보기를 난로 보듯 하세요."

난로 옆에 있어 본 사람은 누구나 알 것이다. 너무 가까이 두면 화상을 입을 듯이 뜨겁고 조금만 멀리 두면 냉골이 되기 때문이다. 그렇기에 난로는 적당한 거리를 맞추기가 중요하다. 손님이 딱 그러하다.

누구든 돈을 쓰러 들어간 공간에서 환영받고 싶어 하는 마음이 있다. 그렇다고 귀찮게 옆에 딱 붙어 따라다니라는 말은 아니다. 그들이 원하는 것은 마음껏 둘러볼 수 있는 자유 속의 친절이다. 그래서 직원의 존재가 거의 의식되지 않는 스파SPA 의류매장이나 대형마트 같은 곳에서는 손님이 들어오면 직원들이 "어서 오세요. ○○(매장 이름)입니다!" 하고 큰 소리로 인사하며 반겨주고는 각자 할 일을 한다.

모 화장품 로드숍 매장에서는 쇼핑할 때 쓰는 매장 비치용 장바구니에 '혼자 볼게요', '도움이 필요해요' 두 가지 문구를 구분해서 붙여놓았다. 친절과 자유의 경계에서 손님이 직접 판매직원의 태도를 선택할 수 있도록 배려했다는 점에서 신선한 발상이다.

손님이 있을 땐
특히 더 바빠야 한다

편하게 둘러보라고 해놓고 판매원이 저쪽에서 멀뚱멀뚱 바라보면 손님은 결코 편하게 볼 수가 없다. 사실 사장님 입장에서도 시선을 어디에 둬야 할지 몰라서 그럴 수도 있다. 그럴 때 내가 권하는 방법은 "손님, 편하게 보고 궁금한 것 있으면 알려주세요. 저는 물건 정리 좀 하고 있을게요" 하고 상품 진열을 바꾸는 등 일을 보라는 것이다. 편하게 보시라고 말한 다음 판매원이 자기 일을 보고 있으면 손님은 심리적으로 편안함을 느낀다.

인기 있는 의류 브랜드 A사 매장에 가보면 갈 때마다 물건들의 배치가 바뀌어 있다. 특성상 새로운 물건이 자주 들어오기도 하지만 같은 물건이라도 시간대별로 위치를 자주 바꾸는 것이다. 때문에 직원들이 항상 물건을 정리하느라고 분주하다. 그 의도된 분주함 때문에 손님들이 직원의 존재를 불편해하지 않고 마음껏 물건을 구경할 수 있다. 덤으로 매장에 신선함을 줄 수 있다.

마찬가지로 개인 매장에서도 항상 분주한 것이 좋다. 물건들을 자주 정리하고, 스팀다리미로 옷도 다리고, 택배 물품들도 정리하라. 이렇게 각자의 관심사로 분주하다가도 손님이 부를 때는 즉시 그리고 친절하게 응답한다.

사람들은 자신을 기억해주거나, 자신의 존재감을 확인하는 일을 좋아한다. 단, '내가 당신을 기억하고 있다' 라는 신호를 보내고 싶다면 상대가 내게 알려준 정보 안에서 말하는 게 좋다. 지나친 관심은 오히려 상대를 멀어지게 할 수 있다. 너무 밀어붙이지 않아야 끌어당기게 된다. 난로 이야기를 기억하자.

주하표 한마디!

일당 400만 원의 은밀한 비밀

장사를 하는 한 수강생이 겪은 일이다. 하루는 한 택시기사가 주변을 계속 서성거렸다고 한다. 아무리 봐도 구매하려는 건 아닌 듯했다.

그의 행동이 궁금하여 조심스레 물어보았다. 택시기사는 "거, 택시 접고 나도 장사나 할까 봐. 어떻게 하길래 장사가 그렇게 잘 돼요?"라고 말하는 거였다. 택시기사가 웃으며 말했지만 농담을 빙자한 순도 100% 진심이었다.

조심스레 핵심 방법을 공유하려는데 혹시나 누가 영업 비밀을 들을까 싶어 그날 만난 그분과 은밀하게 밀담을 나눴다고 했다. 그 말을 듣고는 모두 웃음을 터뜨렸다. 우리에겐 재미있는 프로그램 중 하나일 뿐인 가판장사를 누군가는 밀담으로 전할 만큼 괜찮은 방법이라고 하니, 오늘 여기서 핵심 내용만 은밀하게 공유해보려 한다.

협회에서 하는 교육 프로그램 중 하나로, 교육생끼리 조를 짜서 가판대를 펴고 양말을 팔아오는 프로그램이 있다. 값싼 양말을 팔아봐야 한 끼 밥값이나 벌면 다행이다 싶겠지만, 하루 매출이 백만 원 이상은 흔하고, 4백만 원 수익을 내는 조도 있었다. 실전이 얼마나 중요한지를 교육하는 단계에서 배우는 방법이다.

자세히 들여다보면 다양한 방법이 있지만, 핵심은 '지나가는 사람의 눈길을 끌게 하는 데' 있다. 이는 모든 마케팅의 목표이기도 하다. 이것을 '이론으로 아는 것'과 '현장에서 사람들의 반응으로 몸소 체험하는 것'은 하늘과 땅 차이다.

가판대에서 사람들의 발길을 잡는, 가장 손쉬운 방법은 매대 앞에 사람을 세워두는 것이다. 가판대 앞에 몇 사람만 서 있어도 사람들이 가판대를 보는 시선이 달라진다.

첫째로, '저게 뭐기에 사람들이 보고 있는 거지?' 하는 호기심이 생기고 자연스레 시선이 간다. 둘째로, 나 외에도 판매자의 시선을 나누어줄 손님들이 있다는 것만으로 심리적 벽을 낮춰준다. 우리는 이렇게 판매 부스를 통해 사람들의 심리를 직접 체험하는 기회를 갖곤 한다.

스탠리 밀그램Stanley Milgram이라는 심리학자가 진행한 유명한 실험이 있다. 3명이 똑같이 빌딩 옥상을 바라보면 60%가 가던 길을 멈추고 같은 방향을 바라보고, 5명이 바라보면 행인 80%가 옥상을 바라본다. 이 효과를 활용한 실습인 셈이다. 하지만 수강생들끼리 매번 도와줄 순 없으니 혼자서도 그와 비슷한 효과를 낼 줄 알아야 한다.

먼저 가판에 나갈 때는 깔끔한 정장을 입으라고 권한다. 정장이 힘들다면 최대한 말끔한 차림으로 입어야 한다. 편하게 입고 있으면 누가 봐도 저 사람은 노점상이라 호기심을 안 느끼지만, 번듯한 정장 차림은 우선 사람들의 시선을 한 번이라도 더 끌게 하고, 무의식중에 일반 노점 물건보다 조금 더 괜찮은 제품이지 않을까, 라는 기대감을 안긴다. 그런 이미지가 준비됐다면, 지나가는 사람을 정확히 지목해서 불러보자.

"체크 남방 입으신 사장님, 이것 좀 보고 가세요!"

이때는 반드시 자신감 있고 유쾌하게 말해야 한다. 믿어지지 않겠지만 그렇게 하면 사람들은 정말로 발걸음을 멈추고 가판대를 내려다본다. 사람들은 자신보다 당차 보이는 사람이 지목하면 순간적으로라도 그 말을 따르게 되어 있다. 그렇게 해서 가판대에 세 사람을 불러 모으는 건 순식간이고, 그들이 꼭 구매는 안 할지라도 모객 역할에 도움이 됨으로써 더 많은 사람이 모여들기 시작한다.

같은 길거리 장사에서도 방법을 어떻게 하느냐에 따라 매출의 차이는 천차만별이에요. 모든 일에 노하우가 있듯이 각자의 분야에서도 성공하는 방법은 반드시 있답니다. 지나가는 손님의 발길을 붙잡고 싶을 때는 허공에 소리치기보다 지나가는 사람 중 특정 인물을 콕 집어 불러보세요.

어느 구두 판매 달인의 노하우:)

어느 백화점에 자칭 타칭 '구두 판매왕'이 있었다. 그는 백화점 회장에게 직접 '친절한 판매사원'으로 상도 받았다고 한다. 과연 그는 다른 판매원과 무엇이 달랐던 걸까?
분석하고 관찰하기를 좋아하는 나는 구두 판매왕의 노하우가 한눈에 보였다. 상황은 이랬다.

아버지와 딸이 사이좋게 구두를 고르러 왔다. 아버지가 딸의 결혼식에 신을 구두를 찾는다고 하자, 구두 판매왕은 선택하기 쉽도록 단 세 켤레만 보여주었다. 선택지를 제한한 것이다. 몇 켤레만 더 보자고 했더니 "여기서 제일 잘 어울리는 구두로만 보여준 거예요"라며 자신이 판매왕 상을 받은 이야기를 넌지시 꺼내어 자신의 안목을 알렸다. (이는 많은 사람들에게 검증된 사람이라고 해석되어 들려왔다.) 그러곤 아버지가 신발을 신어보는 동안 구두 판매왕은 계속 대화를 하며 작은 정보를 얻어내어 그 내용으로 딸을 칭찬했다.
"사장님, 자식 농사를 잘 지으셨네요. 이런 따님을 둬서 행복하시겠어요."
당사자인 딸과 자식 자랑이 가장 뿌듯한 연배의 아버지, 그리고 그런 아버지의 모습에 다시 뿌듯해진 딸, 모두를 만족시키는 칭찬법이었다.

그는 대화 도중 딸에게서 롱부츠가 있다는 말을 듣고는 본사에서 사은품으로 나온 부츠 보관키퍼를 선물하겠노라 했다. 그리고 "홈페이지에 들어가 고객만족평가를 해준다는 걸 믿고"라는 말을 덧붙였다. 본사에서 오는 똑같은 사은품을 다른 판매사원들과는 달리 고객만족평가로까지 이어지게 활용한 것이다. 이런 상황에서 아버지는 다른 가게로 가자고 할까? 아니면 바로 사고 싶어질까? 구두 판매왕은 딸을 자신의 편으로 만들면서 고급 신사화를 바로 판매했다.

사실 나에게 가장 인상 깊었던 점은 이어진 마지막 말이었다. **"언제고 오시면 무료로 구두의 광을 내드릴게요."** 재방문과 재구매가 이루어질 수 있도록 자연스러운 친절과 판매가 적절히 결합한 말을 들으며 엄지를 척 들 수밖에 없었다.

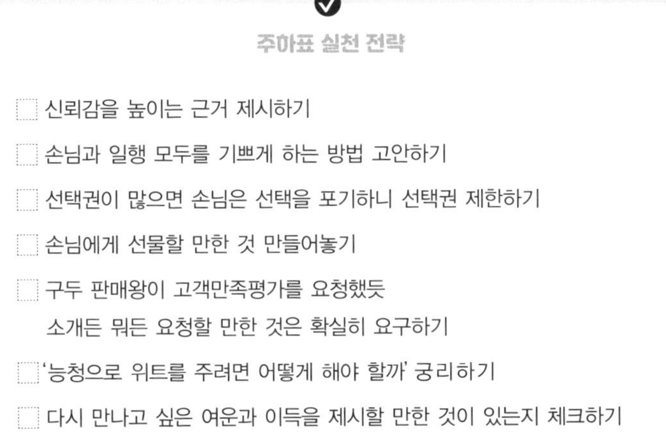

주하표 실천 전략

- [ ] 신뢰감을 높이는 근거 제시하기
- [ ] 손님과 일행 모두를 기쁘게 하는 방법 고안하기
- [ ] 선택권이 많으면 손님은 선택을 포기하니 선택권 제한하기
- [ ] 손님에게 선물할 만한 것 만들어놓기
- [ ] 구두 판매왕이 고객만족평가를 요청했듯 소개든 뭐든 요청할 만한 것은 확실히 요구하기
- [ ] '능청으로 위트를 주려면 어떻게 해야 할까' 궁리하기
- [ ] 다시 만나고 싶은 여운과 이득을 제시할 만한 것이 있는지 체크하기

내 옆에 좋은 사람을

PART 3

두는 말센스

너무 가깝지도 너무 멀지도 않게

제주도에서 처음 서울에 올라와 1년 정도 지났을 때 일이다. 내가 존경하는 회장님과 행사에 동행할 일이 몇 번 있었다. 그때 그분이 말했다. "그렇게 낮은 자세로 친절을 베풀면 동석한 내가 어떻게 보이겠니? 친절도 좋지만 격을 지켜봐."

또 한번은, 친해진 한 원장이 말하기를, "처음엔 '나한테 뭐 바라는 게 있나?' 하고 생각했어요. 알고 보니 친절이 워낙 몸에 배어 있었던 거네요."

충격이었다. 대체 왜 그런 말씀을 하시는 걸까? 고향에서는 나름 싹싹하다는 말을 듣고 살았는데, 서울이라 안 먹히는 걸까?

머릿속이 복잡하던 그때 막내 외삼촌과 통화를 하다가 그 단서를 찾았다.

삼촌은 "대낮에 지하에 있다가 갑자기 태양을 보면 눈부시지 않겠느냐?"라고 물었다. 사람마다 받아들이는 빛의 온도가 다르니 내가 맞춰주라고 했다. 어두운 사람이 밝아지는 건 쉽지 않으나, 밝은 사람이 살짝 빛을 조절하는 건 가능하니 '상대방이 덜 눈부실 정도의 친절'로만 다가가라고 말이다. 그리고 상대가 내 빛에 적응하면 그때 나의 온 빛을 그대로 전해주라는 말을 덧붙였다.

그 후 나를 돌아보면서 그 이유를 알게 됐다. 막 상경했을 무렵, 이른바 '횟집용 친절'이 몸에 배어 있었던 것이다. 손님을 맞을 때처럼 과하게 웃고, 과하게 친절을 베풀었을 것이다. 게다가 늘 손님의 몸짓을 눈여겨보던 버릇이 튀어나와 먼저 반응했을 것이다. 왜냐하면 내 눈엔 상대방의 필요가 너무도 잘 읽혔기 때문이다.

예를 들어 옷을 벗다가 주변을 두리번거리면 옷걸이를 찾고 있다는 신호일 확률이 높고, 물잔을 들었다가 바로 내려놓으면 물이 다 떨어졌을 신호일지 모른다. 나는 그런 신호를 재빠르게 파악하는 습관이 몸에 배었던 거다.

어찌 보면 살아남기 위해 발달한 나의 생존형 감각이었다. 집안 사정상 사춘기 학생이 생활 전선에 뛰어들어 살아남으려면 분명 남들보다 뛰어나야 했을 터다. 그러다 보니 나는 사람들의 작은 몸짓 하나에도 민첩하게 반응하는 법을 익혔다. 그때 키워진 관찰력과 손님 응대 방법, 능청과 협상법 등이 매출을 올리는 데 좋은 씨앗이 되었다. 하지만 사회생활을 할 때는 다듬어질 필요가 있다는 것을 알았다. 과도한 배려와 친절은 상대에게 되레 불편함을 느끼게 할 수 있어서 그것이 또 다른 의미에서의 배려였다.

어떻게 해야 내 옆에 좋은 사람을 둘 수 있을까? 하나씩 그 방법을 알아보겠지만, 한 가지 포인트는 바로 자신의 말과 행동에 '남다른 한 끗'을 입혀야 한다는 점이다. 또 한 가지를 덧붙이자면 서로 존중하는 관계가 되어야 한다는 것. 그래야 관계가 오래갈 수 있다. 일방적으로 상대방을 높일 필요도 나를 지나치게 낮출 필요도 없다. 모두에게 좋은 건 '나도 높이고 상대방도 높이는 것'이다. 수많은 수강생이 이 점을 자신의 일에 접목하여 매출뿐 아니라 가족이나 직원, 동료, 고객과의 관계까지 좋아지는 경우를 숱하게 보았다. 이젠 이 책을 읽고 있는 당신 차례이다.

상대를 위한 배려에도 힘 조절이 필요하다.
거기에 '남다른 한 끗'을 입혀보자.

주하표 한마디!

부드러운 카리스마를 만드는 4가지

나는 이 책을 읽고 있는 당신이 '부드러운 카리스마'를 갖추기를 바란다. 부드러운 카리스마란 뭘까? 많은 이들이 모여 있는 장소에서 특별한 일을 하지 않았는데도 눈에 띄는 사람들이 있다. 혹은 분위기를 띄우려고 애썼는데 오히려 만만한 사람이 되어버린 경우도 본다. 누구나 사람들에게 더욱 매력 있고, 아우라 있는 사람으로 보이고 싶어 한다. 이는 꼭 타고나야만 하는 걸까? 같은 행동, 같은 말을 해도 좋은 인상을 주려면 일단 좋은 분위기를 풍겨야 한다. 이것이 수많은 기업가와 CEO들을 만나며 느낀 점이다. 웃고 있는데 함부로 대할 수 없는 아우라가 있었다. 무게감은 있되 인간적 매력과 겸손함을 갖춘다면 상대는 이를 알아본다. 따라서 당신의 선한 마음과 유쾌한 성격이 제대로 빛을 발하려면 부드러운 카리스마가 필요하다.

내가 말하는 부드러운 카리스마의 핵심은 단순히 센 척하는 것이 아니라, 상대에게 매력을 느끼게 하면서 그 사람의 무의식에 '당신의 묵직함'을 심어주는 것이다. 이는 후천적으로 충분히 연마할 수 있다.

사자의 속도 조절을 배워라

걸음걸이를 보고 그 사람의 직급을 짐작해보자. 만약 당신이 어느 회사에 갔는데 A라는 사람이 '총총 빠른 걸음'으로 움직이고 있다면 그 사람의 직급이 어때 보이는가? 반대로 B라는 사람이 '여유 있게 천천히' 걷는다면? 따로 배운 적은 없지만, 우리의 무의식은 답을 알고 있다. 여유 있게 걷고 있는 사람의 직급이 상대적으로 높다는 것을 말이다.

말보다 행동이 더 많은 말을 할 때가 있다. 걸음걸이로 상대의 성격이나 현재 심리 상태를 파악할 수 있다. 범죄 심리 전문가 로버트 K. 레슬러Robert K. Ressler는 "용의자의 걸음걸이를 관찰하면 사건 발생 후의 심리 상태를 알 수 있다. 이는 알리바이 속 허점을 찾아 사건의 진상을 밝히는 데 큰 도움이 된다. 일상생활에서도 마찬가지다. 타인의 걸음걸이를 관찰해 심리 상태를 파악하면 상대와 불필요한 마찰을 줄여 더 좋은 관계를 맺을 수 있다"라고 말한다. 걸음걸이로 생각보다 많은 것이 간파당할 수 있는 것이다.

카리스마를 만들고 싶다면 일단 밀림의 왕자, 사자의 '어슬렁어슬렁' 걸음걸이를 익혀보자. 사자는 사냥할 때 외에는 좀처럼 급한 법이 없다. 느긋하고 여유 있게 어슬렁거린다. 만약 당신이 영업을 한다면, 좀 더 전문가로 보이고 싶다면, 그리고 어디선가 무시당하고 싶지 않다면, 지금 당장 사자의 '어슬렁어슬렁'을 따라 해보자.

의사를 대상으로 의료기기를 납품하는 분이 있었다. 의사를 상대하는 것도, 물건을 파는 것도 쉽지 않아 힘들어하던 그에게 나는 이런 말을 들려줬다. “내가 누군지 태도에서 짐작하지 못하게 하세요.”

‘쫙 빼입은 정장’에서 ‘단추 살짝 푼 와이셔츠’만 입게 했고, 다가갈 땐 저자세가 아닌 아우라를 풍기며 다가가라고 얘기했다. 좋은 의료기기임을 확신한다면 도움이 되는 물건을 들고 가면서 왜 저자세로 가느냐고 말이다. 예전엔 겉모습만 보고도 세일즈맨이라는 것을 알아차렸기에 얘기조차 들으려고 하지 않았다고 한다. 그 후 그는 외양과 태도를 바꾸어 큰 계약을 따냈다고 기쁜 소식을 전해왔다. 그 첫출발이 바로 ‘여유 있는 모습’이었다.

이처럼 태도를 바꾸는 것은 중요하다. 내가 협상에 관해 이야기할 때 항상 강조하는 말이 있다. 바로 자존감을 잃지 말라는 것이다. 상대가 기분이 좋을 수 있도록 최대한 세심하게 말과 행동을 고르라고 독려하지만, 그게 비굴하게 굴라는 의미는 아니다. 사람들은 당당하고 유능해 보이는 사람과 거래하고 싶어 한다. 무조건 내 비위를 맞추는 사람과 거래하면 어쩐지 내가 손해 보고 한 수 접고 들어가는 기분이다. 그래서 어떤 사람들은 가뜩이나 고개를 조아리는 사람에게 자꾸 뭔가를 더 요구하며 '갑질'을 하기도 한다. 영업뿐 아니라 원하는 것을 얻는 삶을 살려면 그 무엇보다 나의 자존감부터 챙겨야 한다. 나랏일을 두고 협상하는 대통령의 모습으로, 사자의 모습으로 살아가라. 평상시 내가 나를 귀하게 여길수록 다른 사람도 나를 함부로 대하지 않는다. 그리고 그것이 모든 비즈니스의 시작이다.

미소를 머금은 중저음의 목소리

목소리가 중저음일수록 연봉이 더 높다는 연구 결과가 있다. 2013년 듀크대학교 메이유Mayew 교수 팀이 발표한 이 연구는 '미국 792개 기업 CEO들의 연설 테이프를 구한 뒤 목소리와 각종 경영지표의 관계를 분석'했다. 연구진은 목소리 톤이 낮은 CEO일수록 상대적으로 규모가 큰 기업을 경영하고, 그에 따라 높은 연봉을 받고 있다고 밝혔다.

이 밖에 중저음 목소리는 능력, 설득력, 자신감, 신뢰도, 리더십에 대한 기대 등을 높인다는 연구 결과도 있다. 그렇기에 비즈니스를 하거나, 자기 의견을 관철해야 하는 상황이라면 목소리 톤을 낮출수록 성공 확률이 높다. 상대방이 목소리에서 위엄을 느끼기 때문이다.

심지어 중저음 여성의 목소리를 남성들이 섹시하다고 느낀다고 하니 매력을 위해서도 목소리를 낮추는 연습을 해보자.

단, 여기서 지켜야 할 한 가지가 있다. 중저음 목소리가 주는 위엄이나 권위를 누그러뜨리는 친근함을 같이 줘야 한다는 것. 그러려면 '미소를 머금은 중저음 목소리'를 내야 한다.

미소를 머금은 중저음 목소리가 어떤 것인지 설명을 돕기 위해 동영상을 찍었다. 궁금하다면 QR코드를 찍어보자. 바로 느낌이 올 것이다.

초반에는 말을 많이 하지 마라

낯선 상대를 만났을 때 어색하고 서먹한 자리가 부담스러워 오히려 말을 많이 하기 일쑤다. 그러다 돌아서서 '그런 말을 왜

했지?' 후회하기도 한다. 아직 서로를 잘 모르는 상태라면, 나보다는 상대방의 말에 귀를 기울여라. 쉽게 말해 상대방을 주인공으로 만들어주고 나는 잠시 뒤로 빠지라는 말이다.

예전에 '마치 입에 모터가 달린 듯' 쉬지 않고 말하는 분을 본 적이 있다. (사실 과거의 내 모습일지도…) 흥미로웠던 건 그분이 내게 살짝 들려준 이야기였다. 그분의 회사에서 알려주기를, 대화할 때 상대방을 지치게 하여 '예스'라고 말하게 만들라고 했다는 것이다. 둘이서 얼마나 웃었는지 모른다.

우리는 모두 안다. 사람들은 누구나 자신에게 관심을 보이는 사람을 좋아한다. 진심으로 다른 사람을 좋아하면 상대방 역시 자신을 좋아하게 마련이다. 좋아하는 감정은 다양한 방식으로 표현되고 전달되기 때문이다. 낯선 상대를 만나 어색할 때 무턱대고 말을 많이 하기보다 그 사람에게 관심과 존중하는 마음부터 갖도록 하자. 그러한 마음은 전달되고, 상대방이 존중받는 느낌을 받으면 이후 서먹했던 분위기가 부드러워지고 대화도 술술 풀린다. 그때 당신이 어떤 말을 꺼내면 상대방은 더욱 집중할 것이다.

부산한 제스처를 제거하라

사람들을 관찰하다 보면 공통점이 하나 있다. 사람들은 대부분 불안하거나 초조할 때 특히 더 몸짓이 부산해진다. 중요한 건 부산스러운 행동이 '자신도 모르게 무의식적'으로 일어난다는 점이다.

20년 가까이 보험 영업을 하신 분이 있었다. 베테랑이었던 그녀에게 습관이 하나 있었는데 정작 본인은 알지 못했다. 바로 상담하는 동안 자신의 허벅지를 문지르는 거였다. 나는 그녀에게 고객을 만나면 당분간 의자에 손을 묶어버리라고 말했다(물론 실제 묶으라는 것이 아니라 그렇게 한 것처럼 믿으라는 유머러스한 표현이었다).

놀라운 건 비단 그녀만이 아니라 저마다 이런 행동을 한 가지쯤 가지고 있다는 점이다. 말할 때 혹시 자신의 손을 의식해본 적이 있는가? 혹시 쉬지 않고 제스처를 사용하고 있지는 않은가? 이젠 잠시 그런 행동을 멈추고 느리게 움직여보자. 조급하고 초조해 보인다는 것은 그만큼 상대에게 신뢰감을 떨어뜨리기 때문이다.

궁금해할까 봐 이야기하자면, 베테랑이었던 그분은 이후 20년 경력에 '전문가다운 제스처'와 말센스, 콘셉트까지 보태지자 놀라운 소식을 알려오곤 했다. '월 보험료 200~700만 원'까지도 받아 왔으니 당시 같은 기수의 동료들도 놀라움을 감추지 못했다.

말센스를 익힐 때 한번 자신이 말하는 모습을 영상으로 찍어서 보면 효과적이다. 쑥스러울 수 있겠지만 현재 나의 모습, 나의 습관을 정확히 파악하는 방법이다. 오늘 밤 조용히 핸드폰을 켜놓고 촬영해보자. 물론 협상할 때나 무대에서 무언가를 발표할 때 자신의 모습을 찍을 수 있다면 제일 좋다.

'여유 있는 속도'와 '미소를 머금은 중저음',
'친절한 무게감'과 '적절한 제스처'로 전문가다운 모습을 갖춰보자.

주하표 한마디!

돈 안 쓰고 VVIP 대접받는 법

대학 때 나의 전공은 유아교육이다. 그래서 대학 친구들 대부분이 아이들을 가르치는 선생님이다. 한번은 5세 담임을 맡은 친구가 재미있는 이야기를 해주었다.

반에 '아역 배우'같이 생긴 예쁜 여자아이 A가 있었다. 학기 초에 남자아이들에게 인기가 많았다고 한다. 그런데 얼마 안 가 A의 인기는 사그라들었다.

대신 처음에 그리 눈에 띄지 않았던 여자아이 B에게 모든 인기가 몰렸다.

남자아이들이 입을 모아 “저는 B랑 이다음에 결혼할 거예요”라고 말했다.

담임인 내 친구는 몹시 궁금해졌다. 대체 무엇 때문에 이렇게 전세가 역전된 것일까? 그 이후로 B를 관찰하다가 그 이유를 발견했다. 바로 B의 언어습관이었다.

B는 수시로 “우와~~~ 너 꼭 왕자님 같다”, “우와~~~ 너랑 있으면 너무 재밌어”라며 온갖 인정하는 말과 미소로 남자아이들을 높여주었다.

사람은 누구나 자신의 가치를 알아주는 사람을 좋아한다. 사람이 사랑에 빠지는 이유도 결국은 ‘자기애’라는 말이 있지 않은가? 누군가가 나를 자꾸 쳐다본다거나, 주기적으로 연락이 오면 ‘역시~ 나 아직 안 죽었네? 내가 한 매력 하긴 하지’라고 생각하는 것이다.

결국은 자신의 가치를 확인시켜준 상대방을 가까이 두고 싶어 하는 심리일 것이다.

나는 종종 이런 말을 듣는다. “만나다 보면 제 자존감이 높아지는 것 같아요.” 만약 당신이 있는 곳이 누군가를 변화시켜야 하는 곳이라면 상대방의 자존감을 높여주는 일은 특히 더 중요하다. 인정해주는 사람이 옆에 있을 때 사람들은 행동할 수 있는 용기를 얻기 때문이다.

어떻게 하면 사람들이 내 옆에 있고 싶게 할 수 있을까? '직원이든 인생의 벗이든 가족이든 고객이든' 상관없이 말이다. 내 옆에 사람들이 있고 싶게 하려면 일단 한 가지만 기억하자. 사람들은 인정 욕구에 목말라 있다는 것. 어찌 갈증을 느끼는 사람을 보고서 물을 주지 않고 지나칠 수 있겠는가.

사람의 장점을 발견하는 것도 습관이다. 내게는 타인의 장점을 발견하면 망설이지 않고 칭찬하는 습관이 있다. 보통은 면전에 대고 칭찬을 하는 게 부끄러워서, 혹은 상대가 부끄러워할까 봐 망설이곤 하는데, 나는 여과 없이 표현하려고 한다. 일상적으로 지인을 대할 때는 물론 식당에서도 마음에 드는 부분이 있으면 스스럼없이 그 자리에서 말한다. '서비스나 상품을 구매할 때'도 마찬가지다. 말하면서 나도 흡족해지니 마다할 이유가 없지 않은가. 덤으로 상대방이 마음마저 열어주니 말이다.

미국에서 영향력 있는 안과의사인 강진석 박사님(미국 워싱턴 안과의사협회장)은 '시각장애인 아버지'를 위해 안과의사가 되었다고 한다. 어린 시절, 그는 시각장애인 아버지 말고 자신과 함께 놀아줄 수 있는 아버지가 있었으면 좋겠다고 기도했다. 그때 누군가가 이야기하기를, "진석아, 너는 불을 끄면 책을 읽을 수 없지? 너희 아버지는 불이 꺼져 있어도 책을 읽을 수 있는 멋진 능력이 있는 분이란다"라는 말에 아버지를 바라보는 시선이 바뀌었다고 한다. 어둠 속에서도 점자책을 읽어줄 수 있는 아버지. 그 이후로는 아버지의 수많은 능력을 찾게 되었다는 강진석 박사님의 일화에서 당신은 무엇을 느끼는가?

누구에게나 장단점이 있다. 장점만 있는 사람도 단점만 있는 사람도 없다. 상대방의 좋은 면을 볼지, 그렇지 않은 면을 볼지는 결국 우리의 선택이다. 그리고 그것은 습관이라서 의식하지 않아도 한쪽을 향하게 되어 있다. 좋은 면을 먼저 볼 수 있게 우리의 시선을 바꿔보자. 좋은 면을 발견했다면 그 즉시 인정해줘라. 돈 들이지 않고 상대의 자존감을 높일 수 있는 최고의 방법이다.

상대의 인정 욕구를 채워주는 말하기 공식

이제 장점을 먼저 보는 눈을 길렀다면, '남다른 한 끗'을 입힐 때다.

사람들과 이야기를 나누다 보면 꽤 많은 사람이 '자기 자신에게 후한 점수를 주고 있다'는 점을 발견한다. 자신은 사람들에게 칭찬을 많이 하고 있다거나, 자신이 친절하다거나, 잘 웃어주는 편이라고 말이다. 그런데 내가 말하는 '남다른 한 끗'을 사용하는 사람은 많지 않다.

쉽게 말해 남들 하는 만큼은 자기도 한다고 생각하는데, 그 이상을 하는 사람이 드물다. 자신의 말이나 행동에 특별함이 없다. 그래서 좋은 말을 해도 상대방은 한 귀로 듣고 한 귀로 흘려버리고 만다.

그렇다면 표현을 어떻게 했을 때 상대방의 가슴에 파고들 수 있을까?

인간은 누구에게나 인정의 욕구가 기본적으로 내재되어 있다. 인정받고 싶은 욕구를 충족시켜주는 나만의 '인정의 말'을 하는 공식이 있다.

첫째, 구체적으로 콕 집어 들려주는 것이다. 예를 들어 영상팀이 영상을 재미있게 만들었다고 쳐보자. 단순히 "잘 만들었네요" 라고 얘기하는 사람들은 많다. 그보다는 "이 부분에 들어간 이 효과 참 재밌네요. 이렇게도 표현할 수 있군요" 라고 말하는 것이 더 효과적이다. 왜냐하면, 효과를 넣으려 애쓴 노력이 인정받는 순간이기 때문이다. 놀랍게도 다음번 영상엔 더 재미있는 효과가 만들어진다. 칭찬은 자고로 구체적으로 해야 한다.

만드는 사람은 노력을 알아주니 좋고, 그에 따라 영상물이 재밌어지니 이 또한 좋다.

둘째, 내가 들어서 기분 좋았던 인정의 말 중에 특별한 표현이 있다면 '기억했다가 다른 사람에게 들려주는 것'이다. 예를 들어 "덕분에 밥 잘 먹고 갑니다" 라는 감사의 표현과 "덕분에 산해진미를 누리다 갑니다. 제 인생 최고의 갈치조림이었어요. 세상에 이렇게 큰 갈치가 있다는 걸 이번에 처음 알게 됐네요" 라는 표현 중에 무엇이 더 기억에 남을까? 대부분 사람은 "덕분에 밥 잘 먹고 갑니다" 를 말해놓고 본인은 감사 표현을 잘하고 다닌다고 생각한다. 하지만 그것은 내가 말하는 인정의 표현이 아니다. 상대방이 인정받는 느낌이 들게 하려면 후자의 표현처럼 날렵함이 있어야 한다. 내가 느낀 감정을 생생하게 언어로 표현하는 것이다. 이를테면 식당이 마음에 들면 "여기 음식 참 맛있어요. 집에 가서도 생각난다니까요! 비결이 뭔가요?"라고 묻는다. 회사 동료가 좋은 아이디어를 냈다면, "좋은 생각이네요" 보다 "혹시 따로 집에서 아이디어 써놓으며 연구하세요? 아이디어 뱅크네요~" 라고 말하는 식이다. 그렇게 구체적이고 생생한 표현은 그 말이 진심이라는 근거가 되어 상대를 더욱 기분 좋게 할 뿐만 아니라 좀 더 효과적인 동기부여가 된다. 이러한 표현의 날렵함을 몸에 익히는 방법 중에서 내가 들어서 기분 좋았던 다른 사람의 말을 기억했다가 응용하는 것이 효과적이다.

전에 한 워크숍에서 누군가가 내게 이런 말을 한 적이 있다.

"항상 웃고 있는데 왠지 '함부로 할 수 없는 아우라' 같은 게 느껴져요."

나는 어쩐지 그 말이 기분 좋았고, 그 이후로 그 문장을 그대로 외웠다. 왜 외웠을까? 내가 들어서 좋은 말은 다른 누군가도 좋아할 수 있기 때문이다.

'아무에게나'가 아니라 그 말이 어울리는 사람에게 응용해서 들려준다. 그러니 인상 깊은 말은 잘 기억해뒀다가 활용해보자. 날렵한 표현이 될 것이다. 그러고 보면 칭찬도 외국어를 배우는 것과 비슷하다. 살면서 들었던 좋은 말이 있는가? 그 표현을 외워서 다른 누군가에게 또 돌려주라.

부탁할 때도 단순히 "도와줘요"보다 좋은 건 "당신한테는 신의 한 수가 있어서 당신 도움이 필요해요"가 상대방을 더 움직이게 한다.

셋째, 상대방도 납득할 수 있도록 이유를 함께 들려줘야 한다. 예를 들어, '신의 한 수'라는 표현을 썼다고 해보자. 그것에 대한 분명한 이유를 들려줘야 상대방도 과장이 아니라 진심이라는 것을 안다. 과거에 상대방의 도움으로 일 처리가 멋지게 끝났던 경험을 함께 들려주는 것이다.

"혼자 끙끙대며 일을 끝내지 못하고 있었을 때 도와주셔서 잘 마무리되었잖아요. 저는 그날 '신의 한 수'를 경험했어요"라는 말을 덧붙이면 상대방은 그 말에 수긍하며 만족해한다.

타인의 장점을 발견하는 습관은 유치원 아이들을 가르치면서 생겨났다. 유아교육을 전공한 후 7세 담임을 맡았었다. 그때 아이들에게 더 많이 사랑을 표현하려고 노력한 것이 습관이 되었다. 지인을 대할 때는 물론 내가 고객으로 서비스를 받을 때조차도 좋은 점이 있으면 바로바로 표현하는 것으로 발전했다. 그런데 감사한 건 내가 진심으로 좋아서 표현했을 뿐인데, 또 다른 서비스를 덤으로 받을 때가 아주 많다. 손님 덕에 기분이 좋아졌다고 말이다. '표현하는 습관'이 서로에게 얼마나 유익한지 모른다.

이 또한 내가 누군가에게 들었던 칭찬이 왜 기뻤는지 복기해보는 습관에서 비롯됐다. 혹은 내가 왜 더 열심히 일하게 되었는지, 왜 상대방을 더 도와주게 되었던 건지 분석해보는 과정에서 체화된 것들이다. 이처럼 사람을 성장시키는 것은 상대의 입장이 되고 그 마음을 읽으려는 태도에서 비롯된다.

때로는
침묵하는 것이 낫다

이와는 반대로 하지 말아야 할 말은 굳이 하지 않는다. 말의 공백이 두려워 아무 말이나 하거나 생각의 필터를 거치지 않고 함부로 내뱉는 말은 상대에게 상처를 주는 무기가 되기도 한다.

1966년 미국 최고의 거짓말 탐지기 연구가였던 클리브 백스터Cleve Backster는 문득 화분을 보다가 생각했다. '뿌리에서 잎사귀까지 물이 전달되는 데 얼마나 걸릴까?'라는 호기심으로 거짓말 탐지기를 잎사귀에 붙였던 그는 깜짝 놀랐다. 왜냐하면, 물을 주자 곧바로 '기쁨'의 반응이 나타났기 때문이다.

'식물이 감정을 나타내다니. 그럼 혹시 잎사귀를 태워보면 공포감도 느낄까?'라고 생각한다. 성냥을 찾아 걸음을 떼던 그는 혹시 하는 생각으로 뒤를 돌아보고 입이 딱 벌어졌다. 불로 태우기는커녕 생각만 했을 뿐인데 그래프가 요동을 치며 '공포 반응'을 나타냈기 때문이다. 식물도 인간과 마찬가지로 감정이 있고, 고통을 느낀다고 주장하여 주목을 받았다. 식물조차 말과 생각으로 상처를 입는데 하물며 인간은 오죽하겠는가.

내게는 직업병이 하나 있는데, 서비스업에 종사하는 분이 무례하거나 불친절한 모습을 보이면 꼭 깨닫게 해주고 싶은 직업의식 같은 게 있다. 자처해서 '미스터리쇼퍼'가 되곤 한다.

하루는 정말 오랜만에 피부숍에 들렀다. 단 두 번 봤을 뿐인 원장님이 나를 보더니 대뜸 "어? 처음 봤을 때보다 살이 좀 쪘죠?"라고 말하는 것이다. 나는 당황스러워 웃음이 났다.

아직 친하지 않은 누군가가 그렇게 묻는다면 기분이 어떨까? 보통 누구나 좋아하는 말이 아니라면, 거꾸로 내가 들어서 좋은 말이 아니라면 굳이 꺼내지 않는 것이 낫다. 특히 상대방 스스로도 그렇게 느끼는 경우라면 더더욱 마음이 상할 수 있다.

그분이 다시 물었다. "아니. 못해도 1~2킬로그램은 찐 것 같은데… 그죠?"

꽤 많은 이들이 아무 생각 없이 사람들에게 이런 비슷한 얘기들을 하는 것을 목격한다. 그 순간 나의 직업병이 발동했다. "그 질문으로 얻고자 하는 것이 뭔가요? 혹시 다른 손님들한테도 이런 식으로 질문하시나요?"라고 물었다. 이윽고 원장님이 바로 미안하다며 사과했다. 아마 본인도 모르게 나온 말이라 '아차' 하셨을 것이다. 혹시 누군가에게 유머를 던진다고 상대방을 비하하는 이야기를 하고 있지는 않은가? 말을 할 때 정수기의 필터처럼 꼭 한번 생각의 필터를 걸러서 말한다면, 그간 열심히 쌓아왔던 좋은 점수가 한 번에 깎이지는 않을 것이다. 점수를 줄 때는 1점씩이지만 깎일 때는 왕창 깎인다는 사실을 기억하자.

표현에 인색한 사람과 풍부한 사람의 인생은 많이 다르다. 당신이 표현하면 상대방도 당신에게 인정하고 칭찬할 만한 무언가를 찾으려고 애쓰기 때문이다. 그것이 결국 우리를 '행복한 사람'으로 만들어준다.

이제부터 우리의 목표는 사람들에게 특별한 사람으로 기억되는 것이다. 당신이 '남다른 한 끗'을 더해 '풍부한 표현러'가 되길 응원하며….

일상에서 익숙한 표현이 아니라,
상대의 기억에 남을 '남다른 한 끗'을 입혀보세요.

예) 같이 커피를 마시며 얘기를 나누는데, 상대방이 내 커피잔을 보더니 왜 커피가 그대로인지 물어볼 때

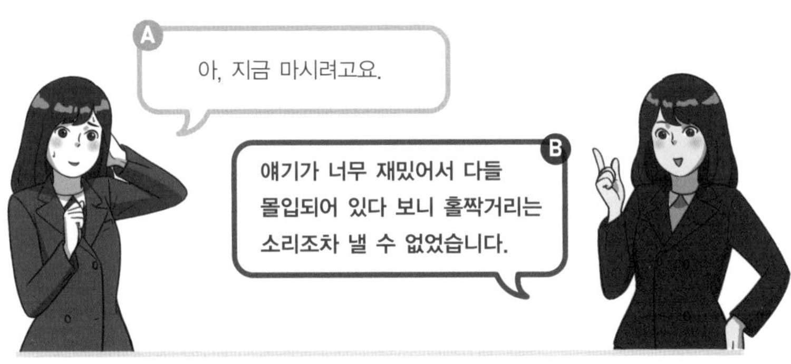

A
아, 지금 마시려고요.
B
얘기가 너무 재밌어서 다들 몰입되어 있다 보니 홀짝거리는 소리조차 낼 수 없었습니다.

예) 어린 조카에게 애정을 표현할 때

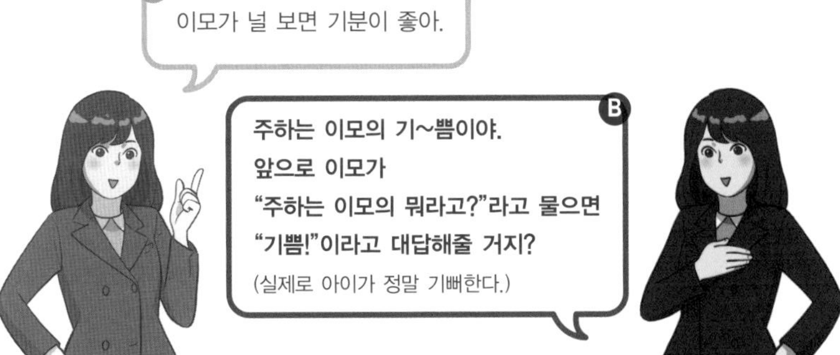

A
이모가 널 보면 기분이 좋아.
B
주하는 이모의 기~쁨이야.
앞으로 이모가
"주하는 이모의 뭐라고?"라고 물으면
"기쁨!"이라고 대답해줄 거지?
(실제로 아이가 정말 기뻐한다.)

잔소리하고 고맙다는 말 듣기

"직원이 잘못해도 참기만 하려니 괴로워요."

헤어숍을 운영하는 어느 원장님의 이야기다. 이야기인즉, 과거 디자이너 시절에 겪었던 일 때문이었다. 당시에 숍 막내가 손님의 머리를 감길 때만 되면 온데간데없었다. 안 그래도 바쁘게 돌아가는 매장에서 몇 차례 그런 일이 생기자 화가 나기 시작했다. 어느 날 사라진 막내가 창고 안에서 핸드폰을 만지작거리는 모습을 보자마자 야단을 쳤다.

그런데 그 이후 막내의 태도가 차가워졌다. 그뿐만 아니라 자신을 여기저기 안 좋게 얘기하고 다녔다고 한다. 그런 상황 자체가 몹시 피곤했던 그녀는 원장이 된 지금도 싫은 소리를 하는 대신 속으로 참고 있었다.

마냥 참는 것이 경영에 능사가 아니다. 일단 원장의 말에 "충분히 그럴 수 있을 것 같다"라고 공감한 뒤, 표현법을 바꿔 보면 어떻겠냐고 물었다.

쉽게 말해, 막내의 입장에서 생각해보는 것이다.

- [ ] 혹시 그날 진짜 급한 일이 있었던 건 아닐까?
- [ ] 늘 그런 행동을 했었는가?
- [ ] 내가 막내였을 때 비슷한 적은 없었나?
- [ ] 내 말투는 어떻게 들렸을까?

막내가 있어서 다들 편하게 일할 수 있으니 얼마나 고마운가. 그러나 막내는 아마도 1인 다역을 하며 힘들었을지도 모른다. 뒤에서 혼자 티도 안 나는 일을 도맡아 한다고 생각해보라. 그러니 막내에게 먼저 왜 그런 행동을 했는지부터 물어야 한다. 진짜 이유를 알면 오히려 더 끈끈해지는 기회가 된다.

이때 어떤 식으로 대화를 풀어나가면 좋을까?

"막내야, 아까 잠깐 안 보이던데 혹시 무슨 일 있었니?"

"내가 보면 네 자리가 제일 중요한 것 같아. 우리가 일에 집중할 수 있게 해주니까 말이야. 혼자 다 하려니 힘들지? 나도 그런 때가 있어서 잘 알아."

상대에 대한 고마움을 인정하고 이야기를 시작하면 상대방은 어떻게 나올까? 아마 자신의 입장을 이야기할 기회를 얻었다는 생각에 속내를 꺼낼 가능성이 크다. 힘든 점을 터놓으며 이야기하다 보면 스스로 자신의 행동에 문제가 있음을 인식할 확률이 높다. 자연스럽게 둘의 사이는 더욱 돈독해질 것이다. 다음에도 같은 일이 발생하지 않게 하려면 어떻게 해야 할까? 다시 상대를 인정하는 말부터 시작하는 것이다.

"일이 잘 돌아가게 해주는 너는 우리 가게 윤활유야. 앞으로 다른 일이 생기면 나한테 살짝 귀띔해줄래? 그러면 내가 대비

할 수 있으니까. 네가 갑자기 안 보이면 빈자리가 크거든. 비중이 있는 사람은 어쩔 수 없는 듯해! 힘내~ 막내야."

창고에서 발견한 막내에게 이렇게 말해줬으면 어땠을까, 하고 원장에게 말했다. 막내의 관점에서 생각해본 원장은 불쑥 화부터 낸 자신의 행동을 후회했다.

사람들이 리더에게 감동하는 순간이 있다. 바로 자신이 저지른 실수를 너그럽게 감싸줄 때다. 물론 같은 실수가 반복되면 좀 더 단호하게 말해야 한다.

여기서 중요한 건 헤어숍 막내에게 그날 진짜 무슨 일이 있었는지, 잠시 창고에서 쉬었던 것인지가 아니다. 다음에 같은 일이 반복되지 않게 하는 것이다. 잘못을 반복하지 않게 하는 방법은 스스로 깨닫게 하는 것이 최선이다. 스스로 느끼고 깨달아야 생각이 변하고 행동이 달라진다.

본인이 잘못한 일임을 스스로 알고 있는데 상대가 오히려 감싸주면 더욱 미안해지는 법이다. '당연히 혼나야 하는 일인데 이렇게 말씀해주시다니…'로 마음이 바뀐다. 진정으로 반성하게 되고 마음의 변화가 일어나 상대에 대한 인간적 존경심이 생겨난다.

직원 때문에 난감해하는 사람들을 종종 만난다. 해결책을 제시해도 어쩔 수 없이 '화부터 난다'고 말하는 사람도 있다. 그때마다 나는 이렇게 묻곤 한다.

"속 시원한 걸 원하세요? 아니면 내 사람을 한 명 얻고 싶으세요?"

내 속에 있는 말을 다 풀고 나면 그 순간 잠시 화가 풀릴지도 모른다. 그러나 속이 시원해지는 것은 찰나라는 사실! 곧 그 사람의 마음을 되돌리기 위해 더 신경 쓰고 노력해야 할지도 모른다. 부족한 내 경험에서 나온 말이기도 하다. 예전보다 좀 더 부드럽게 표현하면서 관계가 더 좋아졌음을 느낀다. 비단 직원과의 관계뿐만 아니라 모든 대인관계에서도 마찬가지다. 무턱대고 내 감정을 표출하기보다 상황을 파악하고 '긍정의 말센스'를 활용해보자. 예를 들어 "조용히 좀 해요"라고 말하기보다는 "소리 좀 낮춰주시겠어요?"라고 하면 어떨까. "늦지 마" 보다는 "조금만 서둘러서 와줄래요?"라고 표현하는 것이다.

단도직입적으로 말해 상대를 기분 나쁘게 하기보다는 에둘러 표현함으로써 잘못을 스스로 인지하게 하는 말하기가 습관이 되면 주변 사람들은 알아차린다. “저 사람은 정말 말을 기분 좋게 해.” 이 말을 들을 때까지 연습해보자. 그러다 보면 어느 날 문득 내 주변에 좋은 사람들이 많아졌음을 느낄 것이다. 다양한 기회가 생기는 것은 덤이다.

주변에 좋은 사람이 많은 이들을 보면 이외에도 다른 공통점이 있다. 그들은 상대를 자기편으로 만드는 언어를 사용한다.

평소 존경하는 한 대표님은 전화를 받을 때 “여보세요” 대신에 곧바로 “보고 싶습니다. 형님!”이라고 말한다. 훨씬 더 친근하지 않은가? 오늘 중 걸려온 전화에 바로 써먹어보자.

“보고 싶었어. 친구야~!!”라고 말이다.

주하효과를 위한 말센스!

상대방에게 도움 되는 이야기를 건네고 싶을 땐
좋은 점부터 인정해주세요.
그래야 그 뒤에 따라오는 말을 거부감 없이 받아들여요.

예) 목소리 톤이 유난히 높은 사람에게 톤을 좀 낮추라고 얘기하는 상황에서

A
말할 때 목소리 톤이 너무 높아 귀가 조금 아파요. 톤 좀 낮춰보세요.
. . .
B
참, 말을 조리 있게 잘하는 것 같아요. 그리고 말할 때 목소리 톤을 좀 더 낮춰보면 어떨까요? 훨씬 더 전문성 있게 느껴질 것 같아서요.
고마워요~!

예스를 끌어내는 부탁의 노하우

일본의 심리학자 나이토 요시히토는 "사람의 행동은 심리에서 비롯되며, 심리는 말로 움직인다"라고 말한다. 즉, 상대방에게 원하는 행동을 끌어내기 위해서는 상대방의 심리를 고려한 언어를 사용해야 한다는 것이다. '마음에서 우러나와 들어주는 부탁'과 '어쩔 수 없이 들어주는 부탁' 사이에는 심리를 움직이는 언어의 디테일이 숨겨져 있다.

그렇다면 우리는 어떤 방법을 통해 긍정적인 답변을 끌어낼 수 있을까?

눈을 맞추고 이야기하라

미국 예일대학교에서 아이 콘택트eye contact와 관련한 실험을 진행했다. A에게는 자신의 이야기를 독백하라고 지시하고, 독백을 듣는 B에게는 A와 눈을 맞추라고 했다. 실험 결과 상호간에 친밀감이 생겨났으며, 심장 박동 증가와 아드레날린이 분비되는 긍정적인 신체 반응이 일어났다. 또한 눈 맞춤을 잘하는 사람은 상대에게 지적인 이미지를 심어줄 수 있다는 발표도 있다.

보스턴대학교에서는 남녀 쌍을 대상으로 두 그룹으로 나누어 실험을 진행했다. A그룹에게는 서로 대화하는 동안 상대가 눈을 몇 번이나 깜빡이는지 세어보게 했고, B그룹에게는 아이 콘택트와 관련해 특별한 지시 없이 그저 대화를 나누라고 했다. 연구 결과 서로의 눈을 맞출 수밖에 없었던 A그룹은 특별히 눈을 맞추지 않은 B그룹에 비해 서로에 대해 호감을 더 많이 느낀 것으로 나왔다. 이외에도 여러 연구에서 아이 콘택트의 중요성이 밝혀졌다.

상대와 이야기를 나눌 때 지긋이 눈을 바라보기만 해도 호감을 줄 수 있다. 물론 상대가 부담스럽지 않게 바라봐야 한다.

부탁할 일이 있을 때 직접 만나 눈 맞춤을 하며 말한다면 상대가 들어줄 확률이 높다. 스마트폰 사용에 익숙한 현대인들은 어려운 부탁을 할 때도 '심리적으로 편한 문자메시지나 전화'를 사용할 때가 많다. 그런데 재미있는 점은 상대방도 똑같이 더 마음 편하게 거절할 수 있다는 것이다. 그러니 중요한 부탁일수록 상대방을 만날 약속부터 잡아야 한다. (더불어 함께 무언가를 먹으면서 이야기한다면 좀 더 마음이 열릴 것이다.) 상대의 눈을 바라볼 때는 미리 감사한 마음을 담아 따뜻하게 바라보며 이야기해보자.

만나면 용건부터 위트 있게 꺼내라

할 말이 있어 만났는데 헤어질 무렵에야 진짜 용건을 말하는 사람들이 꽤 많다. 말하기 민망해서일 수도, 친밀한 분위기를 만들려는 마음일 수도 있다. 그런데 상대방 입장에서 한번 생각해보자. 단순히 친목을 도모하는 만남이라 생각하며 시간을 보냈는데, 헤어질 무렵 부탁을 들으면 '본심은 따로 있었나?' 하는 의구심을 품을 수 있다.

처음부터 말을 꺼내기가 부담스러울 때 이렇게 한번 운을 떼보자. "저, 사실 오늘 흑심을 갖고 나왔어요"라고 말이다.

살짝 능청스럽게 말하면 더욱 좋다. 말할 때도 덜 민망하고, 듣는 사람도 유머러스한 분위기 속에서 어느 정도 마음의 준비를 하기 때문이다.

도와준 결과나 예상 결과를 상대에게 알려준다

와튼스쿨 심리학 교수 애덤 그랜트의 연구 결과이다. 타 부서를 위해 일하는 아웃바운드 콜센터 직원들에게 그들의 역할이 타 부서 직원의 업무에 긍정적 영향을 미친다고 말해주자, 콜 센터의 매출과 수익이 2배로 증가했다.

내 유튜브 영상 중에 '꿈과 사람들'이라는 채널이 있다. 주변에 본받을 만한 분들의 지혜를 공유하는 채널이다. 이번 내용이 어떤 식으로 도움 될지 말씀드리고, 영상이 다 편집되고 나면 그분들께도 바로 보내드린다. 그러면 다들 흡족해하고, 조언도 아끼지 않는다.

도움을 청할 땐, 어떤 긍정적인 영향이 예상되는지를 언급해보자. 이는 조력자에게 동기를 부여해 더 긍정적인 성과를 내게 한다.

주하효과를 위한 말센스!

부탁이나 설득할 때 딱히 논리적인 이유가 없더라도 '왜냐하면' 이라는 표현을 써보세요. 내 말에 논리를 부여해주고, 상대는 되도록 들어줘야 할 것 같은 기분을 느껴요.

저 좀 도와주시겠어요?
왜냐하면 저한테 꼭 필요하거든요.
(필요하니까 도와달라고 하는 것이나, 뚜렷한 논거는 없음.)

기억에 남는 선물 VS 묻히는 선물의 차이

"이겼다! 서울이다!" 세계가 깜짝 놀란 이변이었다.

1981년 9월 30일 국제올림픽위원회IOC는 1988년 하계올림픽 개최지로 서울이 선정되었다고 발표했다. '대한민국 서울'과 '일본 나고야'가 올림픽 개최지 선정을 두고 경쟁하고 있었는데, 우리나라가 압도적인 투표차로 승리한 것이다. 사실 이런 결과를 예측한 사람은 단 한 사람도 없었다. 북한과 휴전 상태에 있고, 개발도상국으로 성장 중이긴 해도 여전히 가난한 나라였기 때문이다. 올림픽을 개최할 능력이나 자격이 있다고 보는 게 이상할 정도였다. 그런 한국이 당시 선진국이었던 일본을 누른 것이다. 도대체 무슨 일이 있었던 걸까?

한국은 불과 몇 달 전만 해도 '올림픽 개최 신청을 어떻게 명예롭게 철회할 것인가'를 고민했다. 그렇게 투표 10일 전, '에잇, 한번 해보자! 난관은 넘으라고 있는 거다!'라는 마음으로 심기일전했다. 당시 고 정주영 회장은 올림픽유치단과 총회가 열리는 독일의 바덴바덴으로 찾아가 IOC 위원들을 일일이 만나는 '각개격파' 전법을 펼친다.

당시 분위기상 일본의 승리가 확실해 보였다. (IOC 총회의 모든 관계자나 언론은 한국의 참가를 대놓고 비아냥댔고, 정부에서는 창피만 당하지 말고 오라고 했을 정도니 말이다.) 심지어 일본은 위원들에게 일괄적으로 값비싼 명품 시계를 선물했다.

하지만 정주영 회장은 고무줄로 묶은 명함 뭉치를 들고 회의장 밖을 종일 서 있다가 위원들이 있는 곳이라면 어디든 뛰어다녔다. 그러다가 작은 감동의 선물을 머릿속에 떠올렸다. 바로 꽃바구니! 그것도 직접 만든 꽃바구니였다.

IOC 위원 아내들의 마음을 얻기 위해 매일 숙소로 꽃바구니와 엽서를 보냈다. 주변에서는 그런 유치한 공세로는 안 될 거라고 했지만, 정주영 회장은 아랑곳없이 밤을 새워 직접 만든 꽃바구니를 배달했다. 그 안엔 문안 인사를 적은 예쁜 카드도 함께 들어 있었다. 뜻밖에도 꽃바구니의 반응은 실로 대단했다. 매일 아침 위원들은 한국인만 보면 "꽃이 참 예쁘다. 한국인들은 마음이 고운 사람들"이라고 치켜세웠다고 한다.

그렇게 꽃바구니를 시작으로 마음을 얻고, 적극적으로 사람들의 성향을 파악하여 그에 맞는 선물들을 준비했다. 아프리카 표를 잡기 위해 '위원들에게 비행기 1등석 티켓을 주면 호감을 살 것'이라는 귀띔을 얻어 그대로 실행하기도 했다. 그렇게 한국올림픽유치단이 세심한 노력을 기울인 끝에 '서울 42, 나고야 27'이라는 쾌거를 얻었다!

바덴바덴의 기적, 단 열흘 만에 일군 쾌거였다. 그때 한국인 중에는 엉엉 우는 사람도 많았다고 한다. 우리나라를 전 세계에 알리고, 어려웠던 시절 '3,500억 원 이상의 흑자'까지 기록한 성공적인 올림픽 뒤에는 이렇게 숨은 노력이 있었다.

이 사례에서 무엇이 느껴지는가? 일본이 스위스 최고급 손목시계를 선물했지만 값비싼 선물보다 더 중요한 게 있다는 사실을 알 수 있다. 여러 심리학 실험에서 검증되었듯, 뻔한 것 같지만 선물이 주는 기분 좋은 압박감의 위력은 대단하다. 상대에게 마음이 전해질 수 있는 적당한 선물을 준비해 가보자. 무엇보다 준비해 간 자신의 마음이 제일 먼저 기쁠 것이다.

우리는 살면서 크고 작은 선물을 주고받는다. 결혼하기 위해 시댁에 방문한다거나, 아이들 졸업할 때 선생님께 기억에 남는 선물을 하기도 한다. 이때 무엇을 선물하면 상대방이 기뻐할까?

선물과 함께 말센스를 발휘하면 기쁨이 2배

풍족하지 못한 집안 형편이지만 어릴 적부터 어머니가 자주 하신 말씀이 있다.

"어디 갈 때 빈손으로 가는 거 아니야. 콩 한 쪽도 나눠 먹는 거야."

그러다 보니 작은 거라도 들고 가는 데 익숙해졌고, 어떤 선물을 해야 상대방에게 기억될지 많은 고민을 해왔다. 그만큼 거꾸로 많이 받기도 하면서 내가 내린 결론이 하나 있다.

기억에 남는 선물을 하고 싶을 땐, 세상에 단 하나뿐인 것을 준비한다거나 상대방에게 필요한 것, 혹은 의미를 함께 전달하라는 것이다.

예를 들면, 가진 것이 많은 분께 선물할 때는 값비싼 물건으로는 감동을 주기 힘들다. 그런 경우 나는 그분 사진을 담은 편지지를 손수 만든다거나, 영상편지에 사진을 구해서 넣는다거나, 재미있는 표창장이나 현수막 등을 준비한다.

놀랍게도 이런 선물은 돈이 많이 들지 않는다. 표창장이나 현수막도 3만 원 안에서 만들 수 있으니 조금만 노력을 기울이면 양쪽 다 기분 좋은 선물이 된다. 단체모임에서 생일을 맞이한 분께는 '블루투스 마이크(나온 지 얼마 안 되었을 때)'를 선물해 애창곡을 부를 수 있게 해드리기도 했다. 이것도 2만 원대의 선물임에도 반응은 폭발적이었다. 좋아하는 곡을 기억해 틀어드려서 더 기뻐했고, 함께 있던 분들도 어디서 구할 수 있냐며 센스에 대한 칭찬 일색이었다.

그동안 다양한 선물을 준비해봤지만 가장 뿌듯했던 선물은 어버이날 우리 회사 직원들의 부모님께 드린 상패다.

내가 진심으로 이들을 아끼고 인정하다 보니 그들을 낳아주신 분들에게도 감사를 표현하고 싶었다. 이 상패는 한동안 우리 직원들 부모님의 카카오톡 프로필 사진으로 장식될 만큼 감동을 안겼다. 직원들은 회사에서 인정받는 존재라는 사실을 부모님께 알릴 수 있어 좋은 선물이 되었고, 그것을 받은 부모님은 자녀가 직장에서 잘하고 있다는 생각에 뿌듯해했다.

시중에서 산 선물을 주더라도 상대의 기억에 오래 남게 하려면 어떻게 해야 할까. 선물만 전하는 것보다 잊히지 않는 따뜻한 말 한마디 얹어주는 말센스를 발휘해보자. 예를 들면, "이거 프랑스에서 유명한 마카롱이래요. 프랑스까진 못 갔고 홍대에서 사 왔어요", 향초를 주더라도 "두 분 금슬 더 좋아지시라고 준비했습니다. 셋째 조카 기대할게요" 같은 이야기들을 들려주는 식이다.

나는 작은 선물을 주더라도 어떻게 하면 받는 이를 더 기쁘게 할 수 있을까를 궁리한다. 예를 들면 이렇다. 시간이 허락하는 한, 수강생들의 행사가 있을 때 사회를 봐주곤 하는데, 몇몇 수강생의 '공동 출간기념회'를 앞둔 날이었다. 함께 모여 행사에 오신 분들에게 어떤 선물을 하면 좋을지 회의를 했다. 그때 한 분이 '5천 원짜리 문화상품권을 10장' 준비해서 오신 분 중 호응이 좋은 분들에게 주자고 제안했다. 가만히 듣고 있던 나는 문화상품권 대신 5천 원을 현금으로 준비해달라고 했다. 또한 5천 원이 잘 보이도록 투명비닐에 넣어달라고 했다. 그리고 행사 당일에 5천 원을 나눠주며 이렇게 말했다.

"로또 5등 당첨금입니다. 축하드려요~. 로또 당첨되셨으니 앞으로 좋은 일 많이 생기실 거예요."

같은 5천 원을 받더라도 의미가 부여되면 좀 더 기억에 남는다. 상대에게 좋은 기억과 인상을 남기고 싶다면 적절한 선물을 활용하는 것과 함께 그에 걸맞은 말센스도 잊지 말자. 이것은 내가 무일푼으로 사회생활을 시작해 주변에 많은 사람들을 남길 수 있게 한 노하우다.

마지막으로 한 가지 팁을 더 공유하자면, 사람들이 무심코 내뱉는 말들을 귀담아듣자. 겨울철 회사 동료가 "저 오늘 스타킹 터졌어요"라며 출근길에 난감했던 상황을 꺼냈다고 치자. 본인 스타킹을 사러 갔을 때 1+1로 구매해서 동료에게 슬쩍 하나를 건네본다. 그 순간 둘 사이는 10밀리미터 더 가까워질 것이다.

이 모든 것을 실천해보면 알겠지만, 가장 기쁜 사람은 자기 자신이다. 이벤트를 할 때 기쁜 건 받는 사람보다도 준비한 당사자이기 때문이다. 덤으로 사람 부자까지 될 수 있다니 이것이 일석이조 아닌가.

주하효과를 위한 말센스!

누군가에게 선물할 때도 말센스를 발휘하면
상대방을 더욱 기쁘게 해요.
선물만 넌지시 건네는 게 아니라 의미도 함께 전달해보세요.

예) 누군가를 방문하면서 맛있는 빵을 사서 건넬 때

A
좀 드셔보시라고 사 왔어요.

B
우리 동네 핫플레이스에서 사 왔어요.
특히 이 빵은 좋아하는 분과 나눠 드세요.
제가 먹어본 빵 중에 인생 빵이거든요.

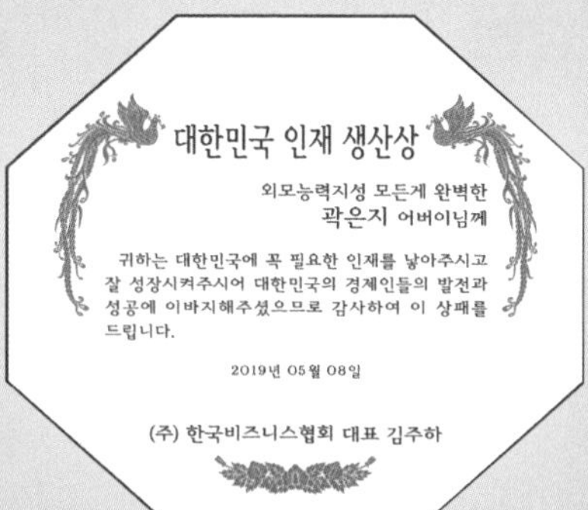

대한민국 인재 생산상

외모능력지성 모든게 완벽한
곽은지 어버이님께

귀하는 대한민국에 꼭 필요한 인재를 낳아주시고 잘 성장시켜주시어 대한민국의 경제인들의 발전과 성공에 이바지해주셨으므로 감사하여 이 상패를 드립니다.

2019년 05월 08일

(주) 한국비즈니스협회 대표 김주하

어버이날, 나와 함께 일하는 직원들의 부모님께
감사의 마음을 표현하기 위해 생각해낸
부모님께 드리는 감사패.
주는 사람은 물론 직원과 그 부모님까지
두루 선물을 받고 기뻐했다.
큰돈 들이지 않고도 의미를 잘 살리면
모두에게 기분 좋은 선물을 할 수 있다.
관계가 더 좋아지는 것은 덤이다.

내가 원하는 대로 행동하게 만드는 묘책

한국직업능력개발원이 학생 6천 명을 대상으로 10년간 연구한 결과, 자기주도학습이 사교육보다 3배가량 성적 면에서 효과가 더 좋은 것으로 나타났다. 이뿐만 아니라, 혼자 공부하는 습관이 든 학생은 대학 진학과 취업에서도 더 우수한 성과를 보였다.

이 연구 결과는 성적에만 국한되지 않는다. 사람들을 움직이게 할 때도 적용할 수 있다. 사람들은 자신이 직접 관여하고 결정했을 때 더 능동적으로 행동하기 때문이다.

프랜차이즈 미용실에 몇 차례 컨설팅 갔을 때 이야기다. 어떻게 하면 직원들이 다른 미용실과는 차별화된 서비스를 제공할 수 있을지를 고민하고 있었다. 컨설팅 2회 차 때 나는 직원들과 함께 매장에서 적용할 '매뉴얼'을 만들었다. 세세한 내용을 다 밝힐 수는 없지만, 중요한 사실 한 가지를 공유해보고자 한다.

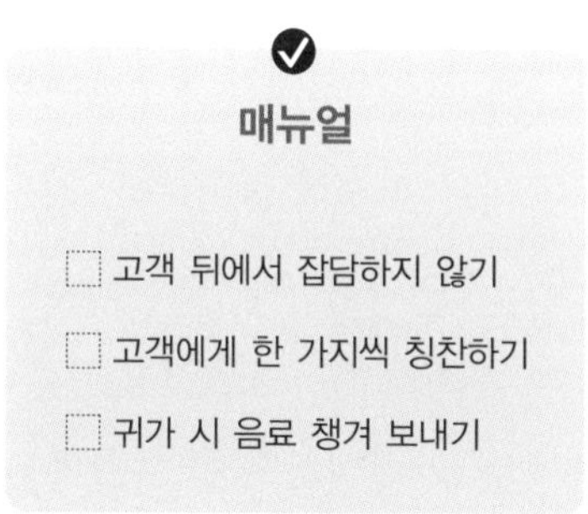

매뉴얼
고객 뒤에서 잡담하지 않기
고객에게 한 가지씩 칭찬하기
귀가 시 음료 챙겨 보내기

위는 직원들이 직접 낸 아이디어 중 소소한 일부다. 누군가 시켜서 하는 것과 스스로 낸 아이디어 중 무엇이 행동력을 높일까? 바로 이 점이 포인트다. 만약 위 매뉴얼을 윗사람이 일방적으로 정리해서 지시했다면 어땠을까? 윗사람이 이야기하면 지시가 되지만, 스스로 낸 의견이라면 자발적으로 참여하게 된다.

거기서 그치지 않고 좀 더 적극적으로 움직이게 하려고 담당자를 정했다. 본인이 고객에게 듣고 싶은 애칭을 정하는 것까지 말이다. (예를 들어, 말 걸기 담당을 정한다. 모든 고객에게 한 번씩 관심을 두는 것이 중요한데, 그렇다고 고객이 부담을 느끼면 안 된다. 이때 이렇게 다가간다. "제가 말 걸기 담당이라서요. 한 번씩 지나다닐 테니 필요한 것이 있으시면 언제든 저를 불러주세요.")

나 역시 회사에서 회의할 때 직원의 자발적 참여를 독려한다. 내가 가진 아이디어를 낼 때도 "이건 아이디어일 뿐인데, 어떻게 생각해요?"라는 식으로 물어본다. 직원들은 내 아이디어에 열심히 살을 보태며 훨씬 더 매력적으로, 실현 가능한 쪽으로 바꾼다.

직원들이 자발적으로 참여하고 안 하고의 차이는 실로 엄청나다. 다들 즐겁게 일하면서 성과를 높이고 나아가 조직을 성장시킨다. 누가 시켜서 하는 일은 사람을 수동적으로 만들지만 자신이 낸 아이디어를 실현하는 일은 훨씬 더 재미가 있어 능동적으로 임하게 한다. 그렇게 해서 나온 결과물에서 느끼는 보람 또한 비교할 수 없을 정도로 크다.

얼마 전, 한 업체 CEO가 나에게 '함께 성장하는 조직문화'를 만들고 싶다며 그 방법을 물어왔다. 그때 내가 들려준 답 역시 바로 이 방법이다. 원하는 목표를 제시하고, 직접 아이디어들을 내게 하는 것, 그리고 그것에 대한 이득을 알게 해주는 것이다.

여기서 기억해야 할 점이 있다. 아이디어를 냈을 때 독려해줘야 한다는 점이다. "실행파 A님이 낸 아이디어도 참신하네요." 그렇게 다들 아이디어를 낼 때쯤 한마디를 덧붙인다.

"역시~ 우리 팀은 최강입니다. 늘 성장하려고 애쓰니까요. 난 참 복이 많은 사람인 것 같아요." 이런 말들을 아끼지 말라. 실제로 말에는 힘이 있다. 말하는 대로 된다.

주하효과를 위한 말센스!

사람들에게 닉네임을 스스로 정하게 해보세요.
이름을 붙이는 순간 그러한 사람이 되려고 더욱 노력하게 됩니다.
그리고 조직의 기를 살리는 언어를 써보세요.
A보다는 B처럼 말하면 실제 말하는 대로 됩니다.
말의 힘을 믿어보세요. 반드시 말대로 이루어집니다.

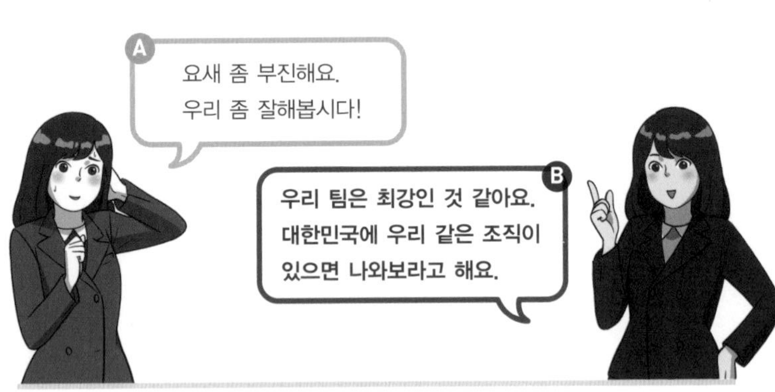

행운의 여신을 붙잡아두는 방법

중국에서 14조 자산규모를 자랑하는 샤오미 창업주이자 CEO인 레이쥔이 이런 말을 한 적 있다.

"사람들을 유심히 살피다가 뜻밖의 사실을 발견했다. 다른 사람과 함께 일할 때 사람들은 기꺼이 손해 보려는 사람을 선호한다는 것이다. 남보다 더 많이 일하지만 수익을 덜 챙겨가는 사람, 그런 사람과 일하는 것을 사람들은 좋아한다. 사업 성공에서 가장 중요한 것은 친구를 많이 만들고 적을 적게 만드는 것이다."

큰 부를 일군 한 지인은 "만남은 인연이고, 관계는 노력이다"라고 했다. 성공한 사람들의 말을 들으며 내가 느낀 바는 인간관계에서 '더 많이 주고 계산하지 말라'는 것이다.

베풀수록
많이 돌아온다

예전에 우연히 어떤 영상을 본 적이 있다. 스님이 '돈 버는 법'을 가르쳐주겠다는 내용이었는데, 대중의 호기심을 사기에 충분했다. 내용은 이랬다.

장사가 잘 안되는 어떤 커피숍이 있었는데, 주인은 계속 웃는 얼굴이었다. 심지어 장사가 안되는데도 손님들에게 쿠키나 과일을 맛보라고 무료로 나눠주기도 했다. 그런 주인을 보며 '아… 이 집은 내가 팔아줘야겠다'라고 손님들이 생각한다. 그러던 어느 날 손님 한 분이 "돈은 내가 투자하겠으니 대로변에서 장사해보면 어떻겠냐?"고 물었다. 그 이야기를 하던 스님은 "진짜 돈은 그렇게 버는 것이다"라고 해서 웃었던 기억이 난다.

비즈니스의 성공은 좋은 사람(도움을 주는 이)을 만나는 데서 비롯된다. 좋은 사람을 어떻게 찾고 만들 수 있을까. 그건 뭐든 먼저 베푸는 것이다. 내가 가진 것을 기쁘게 나누어주면 된다. 사실 원가로 계산해본다면, 커피 한 잔을 팔면서 과일과 쿠키를 내주었으니 적자이다. 그런데 인생 전체를 놓고 봤을 때도 과연 그럴까?

인생에 한 번쯤은 행운의 여신을 만나기 마련이다. 그러니 그때까지 행운의 여신이 반할 수 있게 무엇이든 먼저 베풀자. 그러면 행운의 여신은 30배, 60배, 100배로 되돌려줄 것이다.

행운의 여신도
반하게 하는 웃음

어느 호텔에 갔더니 직원들이 하나같이 웃는 얼굴로 친절했다. 감동한 어느 손님이 지배인을 불러 비결을 물었다.

"지배인님도 그렇고, 이 호텔에는 다들 웃는 사람들밖에 없네요. 대체 비결이 뭔가요?"

지배인이 질문을 듣더니 빙긋이 웃으며 답했다.

"간단합니다. 저희는 애초에 잘 웃는 사람을 직원으로 뽑습니다."

사람들은 누구나 좋은 사람과 함께하고 싶어 한다. 그래서 능력치가 크게 차이 나지 않는다면 잘 웃어서 친근감을 주는 사람에게 더 많은 기회가 생긴다. 이건 서비스직에만 국한된 이야기가 아니다. 웃는 사람이 많은 혜택을 누린다. 취업의 기회뿐만 아니라, 생활 속 온갖 혜택과 친절, 그리고 행운의 여신까지 말이다.

한번은 누군가 내게 이런 말을 한 적이 있다.

"같이 다니며 느낀 건데, 대표님은 어딜 가나 뭘 받는 것 같더라구요. 왜 사람들이 대표님에게 유독 혜택을 주는 것 같지요?"

그분이 그런 말을 한 데에는 이유가 있다. 그 말대로 나는 식당에 가면 서비스를 자주 받고, 낯선 사람들에게서도 선물을 받는 일이 드물지 않다. 남들은 손에 꼽을 일들을 자주 겪는 걸

보고 이상하게 여긴 것 같았다.

그분의 말대로 내가 누리고 사는 것들을 혜택이라고 말할 수 있다면, 나는 혜택 받은 삶을 사는 게 맞다. 그렇지만 특별히 뛰어난 점이 있어서는 아니다. 내가 누리는 혜택의 비밀은 다름 아닌 '웃음'과 말센스, 표현력 덕분이다. 실제로 난 웃음이 많은 편이다. 웃음 근육이 발달해 거울 보고 살짝 미소를 지었을 뿐인데 활짝 웃는 표정이라 놀란 적도 있다.

역지사지로 우리가 행운의 여신이라고 생각해보자. 우리라면 어떤 사람과 함께 있고 싶을까. 웃는 사람일까? 아니면 무표정한 사람일까? 너그러운 사람일까? 아니면 그 반대일까? 지금 바로 입꼬리를 올려보자. 미소도 근육이어서 쓰면 쓸수록 알아서 발달한다.

불평불만은
내 미래를 어둡게 한다

고대 그리스의 철학자인 소크라테스가 사는 마을에 남의 이야기를 좋아하는 아돌프라는 청년이 있었다. 어느 날 소크라테스가 마을 앞 나무 밑에서 쉬고 있는데 아돌프가 휘파람을 불면서 나타났다. 소크라테스를 본 아돌프가 먼저 다가와 인사를 하더니 말했다.

"소크라테스 님! 윗마을에 사는 필립이 무슨 일을 저질렀는지 아세요? 그 친구가 글쎄…."

이때 소크라테스가 물었다.

"먼저 이야기를 하기 전에 세 가지 체에 걸러보세. 첫 번째 체는 '사실이라는 체'라네. 자네가 지금 하려는 이야기가 사실이라는 증거가 확실한가?"

그러자 아돌프는 머뭇거리며 대답했다.

"아닙니다. 저도 들은 이야기입니다."

소크라테스는 다시 아돌프에게 물었다.

“그럼 ‘두 번째 체는 선善’이라네. 자네가 하려는 이야기가 진실이 아니라면 최소한 좋은 내용인가?”

아돌프는 이번에도 머뭇거리며 대답했다.

“아닙니다. 별로 좋은 내용이 아닙니다.”

소크라테스는 아돌프에게 마지막으로 물었다.

“이제 세 번째 체로 다시 한 번 걸러보세. 자네 이야기가 ‘꼭 필요한 것’인가?”

아돌프는 소크라테스의 말에 조용히 말했다.

“꼭 필요한 것은 아닙니다.”

소크라테스는 미소를 지으며 아돌프에게 말했다.

"그렇다면 사실인지 아닌지 확실한 것도 아니고 좋은 것도 아니고 필요한 것도 아니면 말해야 무슨 소용이 있단 말인가?"

입만 열면 불평불만을 쏟아내는 사람들이 있다. 누군가의 사생활에 관한 이야기를 주관적으로 평가하며 비난한다. 또한 직장생활이나 가정생활에 대해서도 하소연을 자주 한다. 그들은 그것을 통해 무엇을 얻으려는 것일까? 부끄럽지만 과거에 나도 그럴 때가 있었다. 그러나 몇 가지 사실을 깨달은 후 지금은 거의 하지 않는다.

첫째, 하소연과 불평불만은 습관이라는 사실이다. 듣는 대상과 불평하는 대상만 바꿔가며 끊임없이 부정적인 감정을 전염시킨다. 우리의 인생에도 날씨가 있다고 생각한다. 누군가는 밝은 얘기를 해서 인생의 맑음을 선택하지만 누군가는 우울한 이야기로 인생의 장마를 선택한다. 인생이 먹구름으로 가득하다면 그건 어두운 이야기를 계속 쏟아내는 자신 탓이다.

둘째, 자신의 불평불만을 듣고 상대방이 같이 욕해주면 실제로 그 대상이 더 미워진다. 타인도 인정할 만큼 자신의 불평불만이 정당하다고 생각하기 때문이다. 얼굴을 안 볼 수 있는 상황이 아니고서야 계속해서 악순환이 될 뿐이다. 밉기 때문에 더 불만족스럽게 느껴지는 악순환 말이다.

셋째, 불평불만을 들어주는 사람도 고통스럽다. 동의하지 않는데도 불평불만을 쏟아내는 사람 앞에서 어쩔 수 없이 수긍해주어야 하기 때문이다. 앞에서 동의해주는 듯한 사람도 사실은 맞춰주지 않으면 당신이 기분 나빠할까 봐 억지로 맞춰주고 있을지도 모른다는 생각을 해보았는가? 어떤 누구도 당사자가 아닌 이상 100% 공감할 수 없다.

넷째, 자신이 내뱉은 말에 스스로 덫에 걸린다. 직장상사 흉을 보았던 사람 앞에서 그 상사와 잘 지낼 수 있을까? 자신이 한 말에 일관성을 갖기 위해 계속 미움을 선택해야 한다. 상사를 욕함으로써 잠시 속이 시원해지려다 덫에 빠지는 것이다.

다섯째, 사람들은 앞에서 당신의 불평불만을 들어주고 있지만, 사실은 각자 나름의 기준으로 당신을 평가할지도 모른다. 예컨대 '불평이 많은 사람이야, 우울해, 피해야지'라는 생각을 할지도 모를 일이다.

여섯째, 불평불만에는 진짜 뜻이 숨겨져 있다. 상대방에게 문제가 있는 것이지 '나 자신은 괜찮은 사람이라는 말'을 듣고 싶다거나, 그런 와중에도 그걸 참고 있는 내가 대단하다는, 혹은 '나였어도 그땐 화가 났겠다'라는 공감을 얻으며 자신의 불평이 정당화되기를 바라는 것이다. 즉, 나를 인정해달라는 뜻이 숨어 있다. 그런데 한번 생각해보자. 만나서 긍정적이지 않은 이야기를 쏟아내는 사람을 보며 진심으로 우리가 인정해줄 수 있을까? 그런 사람이 있다고 해도 자신과 비슷한 부정적인 성향일지 모른다. 부정적인 사람들에 둘러싸인 인생을 떠올려보자. 어떻게 되겠는가?

누구에게나 잠시 잠깐 행운의 여신이 옆에 머물 수는 있다. 그러나 종일 쉬지 않고 불평불만과 하소연을 한다면 진이 다 빠져 당신을 떠날지도 모른다. 사람들 모두가 우리의 행동과 말을 보고 있다는 사실을 기억하자. 또한 행운의 여신은 많은 사람을 만나다 보니 스치듯 본 당신의 '단 한 가지 행동과 말'만으로도 당신을 간파한다는 사실을 기억하자.

끌리는 사람 주변엔 사람들이 차고 넘친다.
그렇기에 더 많은 기회를 얻는다.
행운의 여신도 반할 수 있는 당신이 되어보자.

주하표 한마디!

관계에서 상처받지 않는 법

사회생활에서 가장 힘든 부분을 꼽으라면 많은 이들이 일보다도 사람이라고 말한다. 인간관계로 인한 문제에서 말로 인한 상처를 빼놓을 수 없다.

특히 말이 전해지는 과정에서 생겨난 황당한 말이나 내 생각과 다르게 전달된 말로 인해 입장이 곤란해질 때가 있다. 누구나 자기 중심적으로 사고하는 경향이 있기 때문에 다른 사람에게 말을 전할 때 자신에게 좀 더 유리한 방향으로 전달하게 마련이다. 그러면서 오해를 낳기도 한다.

친구가 일하는 한 대학병원에서 있었던 일이다. 간호사 27명이 교대로 근무하는 곳이었다. 그중 간호사 A는 보는 사람마다 소개팅을 주선해주겠다고 할 정도로 예뻤다. 문제는 소개팅에 나가서 불편했던 경험이 몇 차례 쌓이자 그녀는 소개팅에 대한 마음을 접었다. 그때쯤 누군가가 또 소개팅을 제안했다. A는 잠시 머뭇거리다가 이렇게 말했다.

"저 남자친구 생겼어요."

확실하게 소개팅을 거절하기 위해 없는 남자친구를 언급했다. 그렇게 A가 퇴근하고 다음번 근무로 출근했을 때였다. 놀랍게도 한 간호가가 "임신해서 결혼한다며?" 하고 물었다. 황당하고 어이없어서 도대체 어찌된 영문인지 A는 그 말이 나온 과정을 역추적해나갔다.

A에게 남자친구 생겼대. ➔ 얼마나 만났대? 결혼은 한대? ➔ 글쎄, 곧 하겠지? ➔ A가 곧 결혼한대. ➔ 결혼한대? 왜 이렇게 빨리한대? ➔ 속도위반 했나? ➔ A가 속도위반 했대. ➔ **A가 속도위반 해서 결혼한대.**

황당한 말이 나온 것은 20여 명의 입을 거친 결과였다. 속도 위반으로 결혼했다는 말을 들은 A가 얼마나 황당했을지 말하지 않아도 짐작할 수 있다. 누구나 자신에 대한 엉뚱한 말이나 소문으로 곤란해진 경험이 있을 것이다.

'말이 말을 만든다'는 우리 속담이 있다. 말은 사람의 입을 거치는 동안 내용이 빠지거나 덧붙여져서 원래 내용과 달라진다. 그래서 말이 새로운 말을 만든다는 것이다. 위 사례에서도 말에 자신의 의견과 생각이 덧붙여지는 줄도 모르고 전달하는 사이에 애초 사실과 거리가 먼 내용이 만들어졌다. 이런 경우 즉각적으로 화를 내기보다 어떻게 그 말이 나오게 되었는지 그 과정을 살펴 볼 필요가 있다.

직장에서 중간관리자가 되면 흔히 상사도 부하직원도 둘 다 자신을 좋아해줬으면 하는 유혹을 받는다. 인정 욕구가 있기에 그러한 유혹은 당연해 보인다. 이런 유혹으로 인해 직장 내에서 말이 잘못 전달되는 예가 종종 있다.

실제로 한 숍에서 있었던 일이다. A가 공부할 것이 있어 잠시 출근을 못 하게 된 상황이었다. 중간관리자가 대표의 말을 전하면서 "대표님이 A 네가 진짜 공부하러 가는 게 맞는지 묻더라. 뭘 그런 걸 못 믿고 그러냐? 가서 많이 배워와!"라고 이야기했다는 것이다. 그 이후로 A는 대표님께 왠지 서운해지고, "가서 많이 배워와!"라고 말해준 중간관리자에게 고마움이 느껴졌다고 했다. 그 얘기를 듣던 나는 좀 더 그 말의 이면을 분별해서 보면 좋겠다고 말했다. 왜냐하면 직접 들은 게 아니라면, '전달한 사람의 성향에 따라 다르게 전달'될 수 있기 때문이다.

말투만 살짝 바꿔도 달라지는 것이 바로 말이다. 별일 아닌 일을 크게 부풀리는 사람들, 다른 사람의 말을 자신에게 유리한 쪽으로 전달하는 사람들에 관한 이야기를 자주 듣는다. 타인의 말을 그대로 받아들여 감정을 다치기보다 그 말이 나온 이유를 찾아보면 조금은 마음이 편안해진다. 한 걸음 떨어져 상황을 객관적으로 바라보면 막연히 안 좋던 감정이 줄어든다. 혼자 좋지 않은 생각을 하며 자신을 괴롭히기보다 가장 효과적인 방법은 당사자에게 직접 물어보고 사실 여부를 파악하는 것이다. 풀어야 하는데 맞서고 싶지 않아 피하다 보면 결국 스스로 고립될 수 있다.

몇 사람에게 말이 전해질 때마다 말의 뉘앙스나 온도,
전해주는 사람의 성향에 따라 다른 말이 되기도 한다.
여러 사람의 입을 거쳐 들어온 말은
검증의 눈이 필요하다는 사실을 기억하자.

주하표 한마디!

당신의 말이 먹히려면

크건 작건 한 조직의 리더가 되는 것은 쉬운 일이 아니다. 직원들과 좋은 관계로 지내면서도 '권위를 잃지 않고 위엄을 지켜야' 한다. 이게 어디 말처럼 쉽겠는가. 협회 수강생 중 사업을 하는 분들은 하나같이 사장으로서 애로사항을 토로한다. "나는 이해심 많은 사람인데 왜 아랫사람들이 나를 이렇게 힘들게 할까?"

어느 날 신입사원에게 채용공고문을 자유롭게 작성해보라

고 했다. 아래는 그렇게 해서 나온 실제 우리 회사의 채용공고문이다. 사실 저 공고문에는 직원들과 일정한 거리를 유지하려는 나의 노력이 숨어 있다.

복리후생

4대 보험, 장기근속자 포상, 우수사원 포상, 인센티브, 정기휴가, 퇴직금

신입사원이 말하는 솔직한 회사 분위기

- 가물에 콩 나듯 분기에 한 번 있을까 말까 한 야근
- 개인적인 분위기(회식 없음, 점심 개인플레이 가능)
- 대표님이 많이 바쁨(덕분에…)
- 감기 걸렸더니 회사에서 기프티콘으로 준 쌍화탕 몇 박스
- 회사 원두는 스타벅스(디자이너의 주 식량)
- 신입사원이 배고플 때 하는 것: 회사 탕비실에서 컵라면 꺼내 부숴 먹기
- 생일 때마다 받는 세상에서 제일 맛있는 케이크와 사내 직원들의 덕담 릴레이

대기업 직원들은 사장의 출근 여부와 그날의 상세한 스케줄을 일절 알 수 없다. 사장실을 다른 층에 따로 배치하는 것 또한 같은 맥락이다. 하지만 조직의 규모가 클수록 사장은 회사가 어떻게 돌아가는지 더 정확하게 파악하고, 구체적 상황에 맞는 방향을 모색해 회사를 이끌어나간다. 즉, 카리스마 있는 사장이 되려면 직원들과의 거리는 적당히 유지하되 그들의 업무는 날카롭게 파악하는 것이 기본 핵심이다.

그런데 규모가 크지 않다면 어떨까. 현실적으로 직원들과 얼굴 부딪치지 않고 지내기 어렵다. 작은 규모의 조직을 이끄는 리더라면 어떻게 직원들과 적절한 거리를 유지할 수 있을까?

사장의 일정을 직원들이 모르게 하라

'대표님 많이 바쁨'

앞서 소개한 우리 회사 채용공고문에 신입사원이 적은 내용이다. 내가 회사에서 자리를 지키지 않는 시간은 그리 많지 않다. 외부 출강이나 일정이 잦긴 하지만 이를 마치고 회사로 돌아와도 하루 총 업무 시간에서 그리 많은 시간을 차지하진 않는다. 그렇다면 직원들은 왜 그렇게 느꼈을까?

그들에게 물리적 거리감을 적절히 '연출'하고 있어서다. 나의 고정적인 스케줄을 제외하고, 추가되는 일정에 대해서는 주요 직원 몇 명만 알고 있다. 최소한의 인원을 제외한 나머지 직원들에게까지 사장의 일정을 자세히 공개할 필요는 없다. 나머지 직원들에게는 그런 상황까진 몰라도 되는 위치임을 인지시킴으로써 거리를 두는 것이다.

실제 눈에 보이는 물리적 거리감을 주는 것 또한 방법이다. 한 공간을 쓴다면 파티션 등으로 간단하게라도 본인의 자리를 분리하는 시각적 효과를 주면 좋다. 동시에 각 팀에 맡긴 업무 진행 상황은 정확히 파악해야 한다. 이를 통해 직원들은 정확한 상황 파악과 올바른 지시를 할 줄 아는 리더라고 인지한다.

무게감 없는 리더는 조직의 중대사에 제힘을 발휘하지 못한다. 간단한 연출을 통해 거리감을 주는 것을 시작으로 카리스마와 현명함을 겸비한 리더가 되어보자. 사업이 한결 수월해질 것이다.

직원과 함께
밥 먹지 마라

아프리카에는 '아누아크'라는 부족이 있다. 아누아크 족의 왕에게는 지켜야 할 계율이 있는데, 이를 한 단어로 요약하면 '고독孤獨'이다. 왕은 자신의 거처에서 혼자 지내고, 식사도 혼자 해야 하며, 부족민과 함부로 대화를 나눌 수도 없다. 아파도 아픈 티를 내서는 안 된다. 그만큼 리더는 예로부터 외로움을 잘 이겨내는 자에게 허락되는 자리라는 뜻이기도 하다.

사실 규모가 작을수록 직원들과 점심 식사를 함께하고, 사기 증진을 위해 회식까지 동반하는 사장들이 꽤 많다. 그로 인해 서로 끈끈해지기도 하지만 리더로서의 위엄을 가장 쉽게 잃는 자리 또한 식사 자리일 때가 많다.

수강생 한 분이 이런 고민에 빠져 있었다. 직원들을 진심으로 사랑하다 보니 뭐라도 더 주고 싶은 마음에 어느 날부터 그들의 점심을 손수 챙겨주었다고 한다. 회식 자리에선 술 한잔하며 일상적인 고민 등 속내를 허물없이 내비쳤고, 서로를 알아가는 시간을 차곡차곡 쌓아왔다. 조직에는 엄연히 위계질서가 있는 법인데 수평적 조직 분위기를 지향하다 보니 어느새 사장에서 편안한 옆집 언니가 되어 있었다.

누군가와 친해지고 싶으면 함께 밥을 먹으라는 말이 있다. 그만큼 가까워지고 싶은 상대가 있다면 식사만큼 좋은 것이 없고, 반대로 거리를 지키고 싶다면 식사의 횟수를 줄이는 것이 하나의 방법이 된다. 리더와 식사하는 자리가 빈번하기보단 흔치 않은 시간으로 만듦으로써 특별한 경우로 인식시키는 것이 적절한 거리를 유지하는 데 도움이 된다.

채용공고대로 우리 회사는 거의 회식이 없고, 점심 식사도 자유롭게 한다. 사실 직원의 입장에서도 상사와의 식사나 '퇴근 후 회식'은 업무의 연장이라 할 만큼 불편한 자리다. 그래서 나의 경우, 특별한 날이 아니라면 회식할 때 미리 메뉴를 알려준다. 그리고 오고 싶은 사람만 자유롭게 오라고 한다. 실제로 메뉴를 듣고 먹고 싶으면 오고, 아니면 귀가한다. 구직 사이트에 내 걸 만큼 그들에게도 매력적인 제안이면서 회사 리더는 권위를 지킬 수 있기에 이것이야말로 양쪽을 만족시키는 윈윈 경영 방법 가운데 하나다.

또한 위 두 가지는 직원들도 좋아하는 선에서 융화하는 실용적인 방법이다. 처음에는 이런 거리감에서 오는 외로움 때문에 힘들 수도 있다. 그러나 기억하자. 가깝지만 어느 정도 거리가 있을 때 '더욱 좋은 관계로 오래갈 수 있다'는 사실을 말이다.

적당한 거리 유지가 필요한 것은 앞 자동차와의 거리만이 아니다.

주하표 한마디!

조직에서 배운 인재 관리 비법

자영업을 하는 분들 이야기를 들어보면 가장 큰 고민이 고용 문제다. 일에 탄력이 붙을 만하면 직원이 그만두기 일쑤여서 골치라는 것이다.

내가 본 '직원 관리'의 최고 고수인 분의 이야기다. 그분의 업장에는 15년 이상 근속하는 직원들이 수두룩하다. 수많은 아르바이트 직원들이 스쳐 지나가기 일쑤인 요식업에서, 이건 대단히 이례적인 일이다. 물론 따뜻하게 잘 챙겨주는 것이 포인트이다. 이 부분은 예측 가능한 것이다 보니 조금 다른 부분을 짚어보고자 한다.

내 안에도 있는 양면성에 관한 이야기다. 인정을 받으니 열심히 하기도 하지만, 계속해서 인정을 받다 보면 '내가 없으면 돌아가지 않는 곳'이라는 교만이 스멀스멀 차오른다.

물론 개개인의 성향에 따라 늘 감사해하는 분도 많겠지만, 사람은 누구나 내가 돋보이고 싶은 자기 중심성을 갖고 있다. 그러다 보니 외부적 조절이 필요하다.

어떻게 하면 적절하게 조절할 수 있을까? 인정을 받으면서도 감사함을 잃지 않는 방법 말이다. 조금 수위가 센 이야기이지만, 직원들에게 '원하면 언제든 그만둬도 된다' 혹은 '다른 사람으로 얼마든지 대체가능하다'라는 뉘앙스를 한 번씩 주는 것이다. 실제로 혼자서 키워온 회사라면 직원이 그만뒀을 때 할 일이 늘어나겠지만 어떤 식으로든 돌아가게 마련이다.

칭찬하고 인정해줘도 그만두는 요즘에 이런 메시지가 과연 통할까? 경영 현장에서 관찰해보면 이게 왜 효과적인지 알 수 있다.

'너 아니면 안 돼'
vs '꼭 너일 필요는 없어'

누구나 예상할 수 있지만 가게 내에 '나 아니면 안 되는 곳'이라는 믿음이 큰 직원이 많을 때는 부작용이 생긴다. 그래서 내부에 '절대 권력자'를 만들어서는 안 된다. 식당이라면, 주방에서의 모든 일을 철저히 분업화하고 각 파트마다 장長을 둔다. 그런데 주변 대부분 가게를 살펴보면 주방장 한 명에게 많은 권력이 위임되어 있다. 그 한 사람에게 식당이 휘둘리는 경우를 많이 보았다. 일을 분업화하면 한 사람이 그만두어도 영향을 덜 받는다. 나눠진 파트에서 일을 잘하면 되기에 새로 투입된 사람도 일을 쉽게 배울 수 있다.

앞서 이야기한 '직원 관리'의 고수인 그분은 어떻게 직원들을 오래 일하게 하는 것일까? 그 방법은 확실한 보상이다. 경력과 관계없이 일을 능동적으로 잘한다면 능력제로 급여를 주고 직원들을 후하게 대했다. 또한 가게 내 분위기가 좋은 이유 중 하나는, 누군가를 인정해줄 때 당사자가 없는 자리에서 공개적으로 하는 것이다. 다른 사람의 입을 통해 전해 들은 칭찬은 듣는 사람을 더욱 기분 좋게 하기 때문이다.

아이러니한 이야기이지만, 직원들과 조직 모두를 위한다면 어느 뛰어난 직원 하나가 회사를 단독적으로 끌고 가게 해서는 안 된다. 자신의 존재감을 착각하게 만들기 때문이다. 그러려면 조직 내 권력을 분산시키고, 누군가를 편애하는 일을 삼가야 한다.

내 인생 첫 스승이기도 한 그분의 직원 관리 방침은 지금까지도 내게 교훈을 준다.

부하직원은 두 명을 총애하라

폭력조직 보스들의 영화를 본 적이 있을 것이다. 왜 그들은 왼팔 오른팔을 두는 것일까? 전쟁 영화를 봐도 알 수 있다. 왕의 입장에서 전쟁이 한창일 때 가장 필요한 사람은 바로 '전쟁의 영웅'일 것이다. 그런데 전쟁이 끝나 태평천하를 이룬다면 이때 왕에게 가장 눈엣가시는 누가 될까? 바로 왕보다 더 인기를 누리고 힘을 가진 '영웅'이다. 그때 영웅이 한 명인 것과 두 명이었을 때는 어떤 차이가 있을까?

우리는 보통 조직에 충실하고 열심인 사람을 무조건 독려하는 것이 동기부여의 정석이라고 알고 있다. 틀린 말은 아니지만 관리자 입장에서는 따로 더 알아둬야 할 것이 있다.

그것은 자신 아래에 또 한 단계 형성되는 권력 관계이다. 단도직입적으로 말해 직원 간에 견제할 대상이 없다면, 견제할 대상이 바로 상사인 당신을 향할 확률이 높아진다. 여기서 말하는 견제란 발전으로 향하는 선의의 견제를 뜻한다.

조직 안에서는 적당히 긴장감을 주는 경쟁 구도의 두 사람을 세우는 것이 좋다. 동일한 위치에서의 견제는 긍정적인 결과를 만들 때가 더 많다. 더 좋은 성과를 내보이려 서로 노력하고, 약점 잡히지 않기 위해 반칙을 쓰지 않는다. 하지만 상하 구조의 견제는 부정적인 결과를 낳을 때가 더 많다. 아래에 형성된 조직끼리 뭉쳐서 윗사람을 견제하면 리더가 지시하는 방향으로 나아가는 속도가 더뎌질 뿐만 아니라 어느새 조직에 만족하지 못하고 다 함께 다른 곳으로 떠날 준비를 할 확률이 높다.

그렇기에 두 사람의 선의의 견제가 필요하다. 오히려 이런 구조의 팀워크가 오래간다. 왜 하필 두 사람이냐고? 셋 이상을 인정하고 내세우면 그중 서로 힘을 합치는 사람이 나오게 되고 그러면 또다시 균형이 깨진다.

안정적으로 조직을 관리하고 싶다면 누구 한 사람을 총애해 이인자를 만들지 말고, 두 사람에게 공평한 신뢰를 나눠주어 좌의정, 우의정을 만들어야 한다.

이처럼 리더는 관심의 방향까지 조절할 줄 알아야 한다. 조직 안의 균형에 대한 이해 없이 리더가 되기는 결코 쉬운 일이 아니다.

조직 내에 절대 권력자를 만들고 있는가?
모두를 공평하게 대하라.
성장하는 조직을 원한다면 직원들이 선의의 경쟁을 하게 하라.

주하표 한마디!

PART 4

끌리는 말센스는

마인드에서 나온다

내 시각이 내 인생을 만든다

살면서 비슷한 일을 겪더라도 사람들은 왜 각자 다르게 받아들일까? 저마다 '색안경'을 끼고 있기 때문이다. 그래서 같은 상황을 겪고도 해석이 달라진다. 각자의 색안경은 살면서 만나는 사람들이나 자신의 성격, 경험을 통해 만들어진다.

난 바람이 나서 집을 나간 아버지를 무척 미워했다. 그리고 당연히 나와 같은 상황에 처한 사람이라면 아버지를 미워할 수밖에 없다고 생각했다. 그러던 어느 날, 놀라운 이야기를 들었다. 나와 똑같은 상황인데 아버지를 전혀 미워하지 않고, 전혀 영향을 받지 않은 분의 이야기였다. 충격이었다.

‘가정을 버린 아버지를 미워하는 게 당연하지 않나?’라고 생각했던 나의 고정관념이 깨지는 순간이었다. 어떻게 아버지를 미워하지 않을 수 있는지 그분의 생각이 몹시 궁금했다. 왜냐하면, 사실은 나 자신도 ‘미움’이라는 감정을 내려놓고 싶었기 때문이다. 아무리 함께하지 않았더라도 나를 태어나게 해준 아버지이고, 그분을 미워하는 것은 딸 된 도리로서 분명 마음 한편에 쌓인 고통이었기 때문에 그 감정에서 벗어나고 싶었는지도 모른다.

무엇이 생각의 차이를 만들었는지 궁금해하며 그분의 이야기를 듣다가 그 답을 발견했다. ‘그분의 어머니’와 ‘나의 어머니’가 보인 반응이 다르다는 사실을 깨달았다. 긴 세월 아버지에게 상처를 받은 나의 어머니는 나에게 의지하는 경향이 있었다. 내가 또래보다 일찍 철이 든 이유이기도 하다. 문제는 나 역시 내게 의지하는 어머니의 시선으로 아버지를 바라본 것이다.

그런데 그분의 어머니는 달랐다. “엄마도 아빠가 밉지요?”라고 물으면 “넌 아빠가 왜 밉니? 넌 아빠한테 고마워해야지.

세상에 태어나게 해주었고, 학교까지 마칠 수 있게 해주셨는데…" 라고 말했다고 한다.

그 말을 듣는 순간, 마음에서 뭔가 울컥하고 올라왔다. 꽤 오랜 기간 나를 괴롭혔던 미움이 사실은 누구에게나 당연한 것이 아니라는 사실을 깨달았기 때문이다. 내가 믿고 있던 '당연히'가 물거품처럼 사라지는 순간이었다. '사람에 따라 당연하다고 믿는 것이 다를 수 있구나'를 깨달은 그 순간 오랜 시간 나를 억누르던 감정이 조금은 녹아내리는 것 같았다. 그때 나는 어머니의 관점에서 벗어나 나만의 안경을 써야겠다고 생각했다.

나를 아끼는 지인은 이야기한다. 왜 굳이 아픈 과거를 들춰내느냐고 말이다. 그러나 숨기고 싶은 이야기를 굳이 꺼내는 이유는 내가 멀리 돌아온 이 길을 누군가는 편하게 갔으면 좋겠다는 바람 때문이다. 마음의 평화를 얻기 위해 오랜 시간 누군가를 쫓아다니고 수많은 책을 읽어가며 얼마나 미친 듯이 노력했던가. 아무도 정리해주는 사람이 없었기에 내가 작은 해답이 되어주고 싶다.

우리는 모두 성인이 되어 독립적인 삶을 산다고 생

각한다. 그러나 자신도 모르게 부모로부터 물려받은 정서와 세계관 안에서 사는 경우가 대부분이다. 부모님으로부터 물려받은 것이 훌륭하다면 감사한 일이지만 그 반대라면 과감히 깨고 나와야 한다. 개인적으로 좋아하는 말이 하나 있다. "엄마도 엄마가 처음이야." 세상 그 어떤 부모가 자녀에게 좋은 것을 주고 싶지 않겠는가. 다만 우리의 부모님들도 조부모님께 받은 대로 물려주고 있을지도 모른다. 우리 아버지도 그랬기 때문이다. 자녀에게 더욱 건강한 정서와 세계관을 물려주고 싶다면 이젠 우리가 새로이 구축할 때다.

당신은 고통 없이 행복해지기를.

자신의 시야를 가린 색안경을 깨닫고 투명한 안경으로 바꿔 쓸 수 있기를.

그래서 나의 당신이 행복해지기를 바란다.

이미 지나간 일은 어쩔 수 없지만, 과거에 대한 기억은 우리의 선택에 따라 좋게도 나쁘게도 바뀔 수 있다.

주하표 한마디!

사소한 말 한마디로 기업을 잃은 CEO

1991년 4월 영국 런던에서 있었던 일이다. 경영자 5천여 명 앞에 선 한 연사가 이렇게 말했다.

“우리는 은쟁반과 잔 6개, 그리고 유리병을 합쳐 4.95파운드(한국 돈 7,500원가량)에 팔고 있습니다. 사람들이 ‘어떻게 그리 싸게 팔 수 있냐?’고 물어보는데, 그건 우리 제품이 ‘쓰레기’라서 그런 겁니다.”

그는 당시 연 매출 12억 파운드(1조 4,400억 원) 이상을 올리는 한 기업의 CEO였다. 영국 기업가협회의 연사로 초청받은 그는 다소 딱딱한 분위기를 부드럽게 하고자 일종의 '셀프 디스(상대방의 웃음을 유발하기 위하여, 자신의 잘못이나 약점 따위를 드러내어 스스로를 깎아내리는 일)'를 농담으로 던진 상황이었다. 그러나 그 말을 듣고 있던 사람들은 경악했고 그의 말은 일파만파 퍼져나갔다.

CEO가 직접 쓰레기라고 폄하한 제품을 사지 않겠다며 소비자들의 마음이 순식간에 돌아서는 바람에 1년도 되지 않아 매출이 고꾸라졌다. 그렇게 회사는 파산 직전까지 갔다.

많은 사람 앞에서 말해야 할 때 유머를 활용하면 청중을 집중시킬 수 있다. 적절한 유머를 활용해야 하는데 그중 자신의 약점을 유머의 소재로 사용해 친밀해지는 방법도 있다. 그러나 위 CEO의 위트는 적절하지 못했다. 자기 회사에서 생산한 제품을 '쓰레기'라고 표현했으니 말이다. 아이러니하게도 마음을 얻기까지는 시간이 오래 걸리는 데 반해 잃는 것은 한순간이다.

반면 결정적 한마디로 상황을 역전시킨 사례도 있다. 고 정주영 현대그룹 명예회장은 70년대에 현대조선소 설립자금을 구하기 위해 영국으로 날아갔다. 은행에 자금 지원을 요청하기 위해서였다. 은행은 냉정한 반응을 보였다. 그러자 회장님은 500원짜리 지폐를 꺼내 거북선을 보여주며 "한국이 영국보다 300년이나 앞서 철갑선을 만들었다"고 이야기한다. 은행의 차가운 반응을 설립자금 획득으로 바꾼 '결정적 한마디'였다.

대인관계에서도, 사업에서도 적재적소에 맞는 말 한마디는 아주 중요하다. 특히 사업을 하는 분이라면 내 상품의 강점을 담은 '결정적 한마디'를 꼭 구사해보기 바란다. 말 한두 마디로 사람의 마음을 얻기도 하고 잃기도 한다. 말 한마디 한마디를 신중하게 해야 하는 이유다.

한 수강생이 직접 겪은 일이다. 하루는 '끌리는 사람이 되는 법' 중에서 기본적인 방법인 '상대방을 인정해주는 말 들려주기'를 실천해보려고 했다. 10년간 얼굴을 봐오던 분에게 다가가 "오늘 입은 옷이 굉장히 고급스러워 보여요"라며 말을 건넸다. 그랬더니 그분이 "이거 비싼 거야~"라며 미소를 지었다. 아무도 몰라주는데 자기만 알아봐 줘서 고맙다고 했다. 놀라운 건 그다음 말이다. 몇 마디를 더 주고받은 후 그분이 말했다. "내가 그동안 당신을 오해했나 보네. 안목도 좋고 마음씨도 좋은 사람인데…. 미안해"라는 말을 덧붙였다.

처음 꺼낸 "오늘 입은 옷이 굉장히 고급스러워 보여요"라는 한마디의 힘이었다. 그 말로 인해 10년간 좋지 않던 인식이 눈 녹듯 녹아내렸다. 누구나 돌아보면 한 번쯤 이런 경험을 한 적이 있을 것이다. 말 한마디로 오해를 풀거나 좀 더 가까워지거나 하는 일 말이다.

그렇다고 없는 말을 지어서 하라는 것이 아니다. 말에는 언제나 진심이 담겨야 한다. 상대방의 좋은 점을 찾아서 이야기하는 것이다. 이 또한 습관이다. 장단점 중에서 장점을 먼저 보는 눈을 기를수록 자연스럽게 좋은 점이 더 많이 보이게 된다.

의외로 사람들은 자신이 늘 하는 말을 연구하지 않는다. 좋은 사람이 되고 싶고 상대방에게 호감을 얻고 싶다고 생각하면서도 말 한마디의 힘을 간과한다. 말에도 디테일이 있다. 예를 들어 '아시나요'와 '아시지요'는 다른 말이다.

A: 제가 벨리댄스만 20년 경력인 것 아시나요?

B: 제가 벨리댄스만 20년 경력인 것 아시지요?

한 번 소리 내어 읽어보자. 비슷한 듯하지만 뉘앙스의 차이가 있다. 질문에 대한 나의 대답이 달라지는 것을 느낄 것이다.

강의 때 A와 B가 어떻게 다른지 수강생들에게 물었다. A의 질문에는 '그런가?' 혹은 '내가 그걸 꼭 알아야 하나?' 등의 반응이 나왔다. 반면 B의 질문에는 20년 경력인 것을 몰랐어도 자연스럽게 받아들여진다는 반응이 많았다.

'아시나요'는 상대방이 모르고 있다는 것을 전제한 말이고, '아시지요'는 안다는 것을 전제한 말이다. 안다는 것을 전제로 한 말이니 그대로 반응하게 된다. 여기서 주목해야 하는 점은 A와 B는 '딱 한 글자' 차이라는 것이다.

누구나 말을 잘하고 싶어 하고, 말센스가 있었으면 하고 바란다. 말센스는 내 생각을 상대방에게 잘 전달하는 것이다. 화려한 미사여구로 치장하거나 과장하는 말이 아니다. 말은 생각에서 비롯되므로 말을 잘하려면 자기 생각부터 잘 관리해야 한다. 그다음으로 생각을 적절히 표현할 말을 갈고닦아야 한다. 이때 중요한 점이 마치 정수기에 필터가 있듯이 말의 필터를 갖추는 것이다. 내가 하려는 말을 거꾸로 내가 듣는다면 어떻게 들릴지 한번 생각해 본다. 만약 들었을 때 내가 감정이 상할 것 같으면 아예 얘기를 멈춘다. 말을 하던 도중이어도 괜찮다. 어눌한 사람으로 비치더라도 상대방의 마음을 잃는 것보다는 훨씬 낫다.

말 한마디로 인생이 바뀌기도 한다.
긍정적 생각과 언어 필터를 잘 관리하여 결정적 한마디를 날려보자.

주하표 한마디!

운명을 바꾸고 싶은 당신에게

외국의 어느 시골 마을에 살던 꼬마가 유능한 비즈니스맨으로 성공한 이야기가 있다. 어린 시절 그를 따라다니는 단어는 '노동자, 패배자, 애정 결핍'이었다. 어린 나이에도 힘들게 일하며 생활하던 중 우연히 집 근처의 부동산 중개소에서 인생을 바꿀 방법을 찾는다. 중개소의 지배인이 한 가지 얘기를 들려주었다.

"자네가 혹시 존경하는 사람이 있다면 닮고 싶은 모습을 매일 500번씩 반복하여 말해라."

돈 드는 일도 아니었기에 속는 셈 치고 그의 말대로 따라 했다. 이후 그는 거짓말처럼 최고의 부동산 중개인이자 비즈니스맨이 되었다.

인간의 뇌는 언제든 원하는 방향으로 변화시킬 수 있다. 이를 '신경가소성'이라고 부른다. 신경과학이 발달하면서 우리의 뇌가 고정적이지 않고 훈련을 통해 뇌 회로를 재배열할 수 있다는 점을 밝혀냈다. 꾸준히 운동하면 관련 근육이 발달하는 것과 마찬가지다. 자신이 되고자 하는 모습을 끝없이 반복해서 떠올린다면 과거와 상관없이 생각이 바뀌고, 생각이 바뀌면 행동이 바뀌고, 행동이 바뀌면 인생이 달라진다. '당신이 희망하는 모습'으로 자신을 재정의해보자.

심리학 용어 중 '바넘 효과'라는 것이 있다. 심리학자 포러Bertram Forer 교수는 1948년에 대학생들을 대상으로 성격검사를 했다. 대학생들에게 '같은 성격검사 결과지'를 주고는 자신의 성격과 얼마나 일치하는지 평가하게 했다. 성격검사 결과지는 성격 관련 책이나 별자리 등에서 마구잡이로 발췌한 내용이었다. '당신은 다른 사람에게 호감을 얻고 싶어 하지만 스스로에게는 비판적이다. 성격이 나약한 편이지만 어떤 상황에서는 해결책을 잘 찾는 편이다. 언뜻 봐서는 자신감에 차 있지만 내면은 불안과 걱정으로 가득 차 있다. 때때로 당신은 외향적이고 사교적이며 낯가림이 없는 동시에 내향적이고 신중하며 말이 없는 편이다. 당신은 때때로 소극적이기도 하고, 때때로 적극적이기도 하다. 당신은 조용한 것을 좋아하기도 하고, 때로는 북적이는 것을 좋아하기도 한다.'

이러한 성격검사 결과지를 받은 80% 이상의 사람들이 자신의 성격과 맞아떨어진다고 답했다. 이윽고 결과지를 옆 사람과 돌려보게 했을 때 다들 깜짝 놀랐다. 결과지에 적힌 성격이 다 똑같이 쓰여 있었기 때문이다. 사람들은 두루뭉술하고 보편적인 묘사일 뿐인데 자신의 성격을 잘 말해준다고 생각했다. 이것은 점술가들이 사용하는 콜드 리딩cold reading이라는 기술과도 통한다. 상대에 대한 일체의 정보 없이도 신체 언어, 음색, 패션, 성별 등을 분석해 속마음을 알아내는 것을 말한다. 이런 기술을 구사하는 점술가들과 대화하다 보면 그들이 미래의 일까지 맞출 거라는 믿음이 생기기 쉽다.

이와 관련해 재미있는 이야기가 있다. 옛날에 아주 영험한 도사가 있었다. 많은 사람이 점을 보기 위해 몰려들었다. 어느 날 과거시험을 보러 가는 수재 3명이 찾아왔다. 그들은 누가 과거시험에 합격할지 알고 싶어 도사에게 복채를 내고 물었다.

"저희 중에 몇 명이 합격하겠습니까?"

도사는 눈을 지그시 감더니 "그것은 천기누설이라오"라고 대답했다. 그래도 알려달라고 재차 묻자, 도사는 그들에게 손가락 하나를 내밀었다.

한참 아무 말이 없던 도사는 입을 열어 말하길, "가보세요, 그때 가면 알게 될 거요. 이것은 천기라서 누설할 수가 없습니다."

3명의 수재는 궁금했으나 그대로 돌아갈 수밖에 없었다. 수재들이 돌아간 후에 도사의 제자가 궁금함을 참지 못하고 질문했다.

"스승님께서 손가락 하나 내민 것은 무슨 뜻입니까? 한 명이 합격한다는 말입니까?"

"그러니라."

"그들 가운데 둘이 합격하면요?"

"그럼, 하나가 합격하지 못한다는 뜻이니라."

"그들 셋이 모두 합격하면 어떻게 하지요?"

"그때는 하나도 빠짐없이 모두 합격한다는 뜻이니라."

제자는 그제야 깨달음을 얻은 듯 말했다.

"아! 그들은 그 뜻을 받아들이는 대로 믿음을 가지겠네요, 그것이 바로 '천기'였군요!"

이런 사례들을 보면서 우리는 알 수 있다. 믿는 대로 된다는 사실을. 점술가의 말을 믿는 순간부터 그 내용은 미래의 삶에 실제로 영향을 미친다. 잠재의식에 그대로 투영되기 때문이다.

사실 사람들이 점을 보러 가는 이유는 '내가 듣고 싶은 말'을 듣기 위해서일 때가 많다. 예를 들어 '앞으로 사업이 잘될 거야', '지금 이 시기만 지나면 잘 풀릴 거야', '자녀가 합격할 거야' 같은 이야기를 듣고 위로 혹은 희망을 품고 싶은 것이다.

그렇다면 굳이 큰돈을 내가면서 점집을 찾아야 할 이유가 있을까?

운명은 내가 사용하는 말이 만든다

"요즘 강남에서 잘나가는 분을 소개받았는데 같이 가볼래요? 정말 잘 맞힌대요."

어느 날 한 지인이 내게 이렇게 물었다. 다름 아닌 점술가 이야기다. 나는 쓴웃음을 지으며 정중히 사양했다. 보통 미신을 신봉하는 사람들이 점을 본다고 지레짐작하지만, 많이 배우고 자기 성취를 이룬 사람 중에도 점술가를 찾는 이들이 적지 않다. 아니, 내 체감으로는 그런 사람들이 더 많은 것도 같다. 끊임없이 노력하는 사람들이 그렇게 하는 이유는 간단하다. 이룬 것이 많을수록 잃을 것이 많아 두려움이 커서다. 점술가가 하는 말을 전적으로 믿지는 않더라도 자신의 방향이 맞는지 확인하고 싶은 것이다. 한국에서 이 계통 시장 규모가 연 4조 원대라고 하니 놀라울 정도다. 그만큼 자신의 불투명한 미래를 묻고 싶은 사람이 많다는 방증이다.

재미있게도 점술가들에게 듣고 싶은 말은 이미 내가 알고 있다. 특정한 소망을 염두에 두고는 그 비슷한 말을 해주는 점술가가 나타날 때까지 새로운 사람을 찾아가 같은 질문을 던진다. 그걸 깨달은 순간 이런 의문이 떠올랐다.

'듣고 싶은 말이 있어서 점쟁이를 찾아가는 거라면, 축복의 말을 스스로에게 들려주면 어떨까?'

사회 초년생 때 어떤 책에서 운명에 대해 납득이 가는 설명을 찾아냈다.

'운명은 성향이다.'

운명이라고 불리는 것이 실은 '여러 선택들의 종합이며, 어떤 선택을 하는가는 그의 성향'에 달려 있다는 말이다. 나는 항상 더 나은 선택을 하는 사람이 되기로 했다. '긍정적인 생각이 담긴 말과 행동을 한다'는 건 동쪽으로 이사를 하거나 몇 월에 만나는 사람과 일을 도모해보라는 점술가의 말보다 훨씬 나은 처방이다. 우리가 가는 곳 어디서든 복을 받는다면, 그쪽이 더 좋은 게 아닐까? 믿음은 어느 쪽이든 반드시 현실로 이루어지게 되어 있다.

사실 나도 한때 점술가를 찾아간 적이 있어서 그 마음이 무엇인지 너무 잘 안다. 그러나 운명을 이기는 것이 있다는 사실을 깨달은 이후로는 전혀 가지 않는다.

그 덕분인지 지금 나는 확실히 점술가를 찾아다니던 때보다 더 운이 좋은 사람으로 살고 있다. 보잘것없는 인간으로 험한 세상을 살다 보니 언제나 좋은 일만 맞을 수는 없지만, 그 일에 대처하는 내 태도 자체가 좋은 운이라고 생각한다. 결과적으로 전보다 훨씬 나아진 삶을 살고 있다.

어떤 상황에서든 '나는 운이 좋은 사람이야'라고 말할 수 있는 사람이 진짜 운이 좋은 사람이 아닐까?

위에 나온 시골 꼬마의 이야기처럼 원하는 미래를 자신에게 들려주고 그것을 매일 반복해서 암송하면 된다. 그러면 그것이 곧 나의 미래가 될 것이다.

나의 미래를 누군가의 손에 맡기지 마라. 왜냐하면 나의 선택이 잘못되었을 때 아무도 그에 대한 책임을 져주지는 않기 때문이다.

내 미래는 내가 선택하고 만들어가는 것임을 기억하자.

심은 대로 거두게 된다. 지금까지 어떤 씨앗을 심었고, 앞으로 당신의 인생에 어떤 씨앗을 심고 싶은가?

주하표 한마디!

옆 사람이 나의 미래다

사회 초년생 시절부터 성공한 사업가들을 많이 찾아다녔다. 그분들과 대화를 나누며 배운 것 중 하나는 '가까운 사람끼리는 반드시 닮아간다'는 점이다. 그래서 본받고 싶은 사람을 가까이 두어야 한다.

난독증을 겪는 한 아이가 있었다. 학교에서 특수반에 속했던 그 아이는 통합반에 다니고 싶어 전학을 했다. 아빠와 열심히 공부했지만, 이번 학교에서도 특수반에 들어가게 된 아이는 크게 실망한다. 반에는 언어 장애가 있는 친구와 틱 장애가 있는 친구 등 특별한 친구들이 모여 있었다. 특수반 아이들은 '끊임없는 격려와 칭찬으로 자신감을 심어주는 한 선생님'을 만나면서 달라지기 시작한다. 이 선생님은 특수반 아이들을 천재라고 믿고, 아이들 스스로도 그렇게 믿을 수 있도록 노력했다.

하루는 다른 반 친구들에게서 "이 고물들아!"라고 놀림을 받아 화가 난 아이들을 선생님은 그대로 고물상으로 데리고 가서 이렇게 말했다. "얘들아, 여기 있는 고물은 어떻게 쓰느냐에 따라 보물로 바뀌기도 한단다. 원래 무엇이었는지는 생각하지 말고 앞으로 무엇이 될 수 있을지만 상상해보자!"

과학 축제의 날 아이들은 고물상에서 가져온 재료들로 비행기를 만들기로 했다. 틱 장애가 있던 친구의 아버지는 실제로 과학자였고 함께 비행기 만드는 것을 도왔다. 우여곡절 끝에 옥상에서 비행기를 실제로 날리게 된 특수반 친구들은 고물이 보물이 되는 모습을 지켜보는 '인생 경험'을 한다.

그렇게 세월이 흐른 뒤, 성장한 아이들은 '뉴욕 아메리카 발레단의 예술 감독', '프랑스 패션 회사의 디자이너', '달 착륙선을 설계한 미국 항공우주국 나사의 항공 공학자'로 일하게 되었다. 그리고 난독증을 앓던 아이는 작가가 되어 자신의 경험을 책으로 펴냈다.

이 이야기는 실화다. 한 사람의 믿음이 다른 사람들을 어떻게 바꾸는지를 보여주는 아주 좋은 예다. 성공하고 싶다면 만나는 사람을 바꿔야 한다. 긍정적인 사람은 긍정적인 말을 주고받고, 부정적인 사람은 부정적인 말을 주고받기 때문이다. 문제는 그 말들이 반드시 나의 미래에 지대한 영향을 미친다는 사실이다. 당신 옆에는 '아이들의 선생님'과 같은 사람이 존재하는가? 성공하고 싶다면 사람을 잘 만나야 한다.

곤충학자 로스차일드 박사는 벼룩으로 실험을 했다. 10센티미터 높이의 유리병에 벼룩을 넣고 뚜껑을 닫은 다음 벼룩의 행동을 관찰했다. 처음 몇 분 동안은 벼룩이 유리 뚜껑이 있는 천장까지 뛰어올랐다. 같은 행동을 반복하던 벼룩은 차츰 시도를 줄였다. 뛰기를 멈추었을 때, 유리병의 뚜껑을 열었다. 하지만 밖으로 튀어나오려는 벼룩은 한 마리도 없었다. 원래 벼룩은 자기 몸의 100배가 넘는 30센티미터 이상을 뛴다. 그것이 벼룩의 진정한 능력이다. 그러나 유리병 마개로 한계를 정해놓은 까닭에 벼룩들은 능력을 발휘하지 못했다. 스스로 행동을 제약한 것이다.

인간 역시 누군가의 말 한마디로 자신의 능력을 스스로 제한하기도 하고, 최대치로 끌어올리기도 한다. 자신에 대한 믿음은 타인과의 상호작용 속에서 만들어지기 때문이다. 다른 사람이 나를 어떻게 생각하는지에 영향을 많이 받는다. 내 주변은 어떤 사람들로 포진되어 있는지 돌아보자. 그리고 누구를 만날지는 '우리의 선택'이다.

우리가 만나는 이들이 곧 나의 미래다.
나는 어떤 사람들을 내 옆에 두고 싶으며,
나는 사람들에게 어떤 사람인가?

주하표 한마디!

걱정의 가장 친한 친구는 걱정이다

태어나 처음 해보는 미국 여행을 앞두고 있을 때였다. 잔뜩 설레어 있는 내게 사람들은 한마디씩 하며 걱정을 했다.

"미국? 거기 진짜 위험해. 총기 문제도 심각하고."

"거기는 화장실도 여기처럼 아무 데서나 갈 수 없고 불편하던데요."

"영어 잘하시나 봐요? 가면 인종차별 느끼게 될걸요?"

그들의 말대로라면 미국은 지저분하고 모든 사람이 불친절하며 위험한 무법천지였다. 그러나 막상 열흘 정도 샌디에이고에서 지내면서 내 입에서 나온 말은 이랬다.

"와~ 여기 살고 싶다… 천국 같은 곳이네…."

날씨는 내내 따뜻하고 쾌청했으며 사람들은 친절했다. 어떤 여성은 먼저 다가와 사진을 찍어주겠다고 하고, 길을 묻자 10분 걸리는 길을 같이 걸어준 중년의 신사도 있었다. 내가 영어를 잘하지 못한다고 했더니, "괜찮아요. 나는 한국어를 전혀 못 하는걸요"라고 말해주던 버스기사 아저씨까지…, 내가 만난 미국은 떠나기 전 사람들이 말해준 곳과 달라도 너무 달랐다.

여기서 중요한 것은 사람들이 내게 해준 말들이 얼마나 정확한가가 아니다. 어느 면에서는 그들이 걱정한 대로의 단점도 있었다. 모든 일이 그러하듯 장단점이 있을 텐데 사람들은 왜 유독 우려의 이야기만 늘어놓은 것일까?

우리 대부분은 곁에 있는 누군가가 변화의 길을 가기를 원하지 않는다. 인간은 근본적으로 변화를 싫어하기 때문이다. 그래서 많은 사람은 '안정성이 입증된 현재'를 좋아한다. 그러다 보니 누군가가 변화를 시도하면 불안해진다. 자신이 몸담은 환경이 부정당하는 것 같고, 자신의 가치관이 흔들리는 것도 혼란스럽다. 그래서 되도록 주변 사람들이 자신과 같은 환경과 위치에 머무르기를 바란다. 새로운 일에 도전해보거나 자기 손으로 뭔가를 이루어본 적이 없는 이들로 둘러싸여 있다면 더더욱 그러하다.

뭔가 도전하고 싶은 게 있다면, 이미 도전에 성공한 사람에게 조언을 구하라. 누구에게 질문하느냐는 아주 중요하다. 각자 자기 경험 안에서 대답하기 때문이다. 이미 성공한 사람은 본인이 경험해봤던 '되는 방법'을 긍정적으로 얘기해줄 것이다. 반대의 경우도 마찬가지다. 잘 안 됐던 사람에게 조언을 구한다면 '안 되는 이유'들을 가지고 당신을 열심히 납득시킬 것이다.

주변에 조언을 구하되 자신의 목표를 잊지 마라. 어떻게 하면 목표를 이룰 수 있는지에 초점을 두자는 말이다. 좋아하는 말 중에 '안 하려고 하면 핑계가 보이고, 하려고 하면 방법이 보인다'라는 말이 있다. 지금 품은 내 생각과 행동이 반드시 10년

후 내 미래에 큰 영향을 미칠 것이다. 우리 인생은 우리가 디자인한 대로 된다는 것을 꼭 기억하기 바란다.

사람들의 평가와 기준은 늘 다양하다.
그러니 그것들에 연연하지 말고
내가 가고 싶은 길로 한 걸음씩 내딛어보자.

주하표 한마디!

사람들은 저마다의 시선으로 이야기한다.

80대에 돈방석에 앉은 할머니

몇 년 전, 스페인의 작은 도시에 온 세계를 시끌벅적하게 한 사건이 있었다. 그곳 성당에 예수의 얼굴을 그린 19세기 벽화가 있었다. 세월이 흐르다 보니 그림이 많이 변형되었다. 그것을 안타깝게 여기던 80대 노파 한 명이 어느 날, 물감으로 그림에 덧칠한 것이 논란의 시작이었다. 그림을 보면 알겠지만, 형상을 알아보기 힘들 정도로 그림이 변해버렸기 때문이다. 그림을 제대로 배워본 적이 없는 분이 그렸으니 오죽하겠는가.

가시 면류관을 쓴 예수의 모습은 온데간데없고 영락없는 원

숭이 형상만 벽화에 남았다. 이 사건은 인터넷에 퍼져 전 세계의 논란거리가 되었고, 문화유산에 함부로 손댄 것에 대한 비난도 거셌다. 심지어 원작자의 손녀가 법적 문제까지 제기한 상황이었다.

그때 한 사람이 이 노파를 찾아간다. 대체 왜 그림에 손을 댄 것인지 묻자, 노파는 통곡하며 말했다. 세월에 무너져가는 예수님의 벽화가 안타까워 복원하고 싶었노라고 말이다. 그 인터뷰를 통해 그림을 열렬히 아낀 노파의 진심이 알려지게 되었다. 그러자 갑자기 재미있는 일이 일어나기 시작했다. 인구 5천 명인 이 작은 도시에 그 그림을 보려고 5만 명 이상의 관광객이 몰려들었다. 입장권, 기념품까지 만들어지면서 인센티브를 받게 된 이 노파는 갑자기 돈방석에 앉게 되었다. 그러나 그는 그 돈을 어려운 노인들에게 전액 기부하며 모두를 행복하게 했다.

이 일을 단순한 해프닝으로 보는 사람들이 대부분이지만, 나는 이 일이 다른 각도에서 보였다. 수백 년 된 문화재를 망친 행위가 '모두가 행복한' 결말을 낳게 한 건 무엇 때문이었을까?

그것은 순수한 노파의 '선의善意'이다. 벽화가 세월의 풍파에 흐려져 가는 것을 가슴 아파한 그의 마음은 진심이었다. 그래서 대중은 결과물을 유쾌하게 수용할 수 있었다.

적지 않은 시간, 수천 명과 함께 인생 설계도를 그려나가며 내가 목격한 것은 의외로 이 선의의 힘이다. 나는 원하는 것을 얻으려는 사람들에게 선의의 태도를 먼저 지녀야 한다고 이야기한다. 당장의 이익만을 우선시하는 것이 남는 것으로 보이지만 이면을 들여다보면 그렇지 않다는 것을 알 수 있다. 특히 살면서 실수를 했을 때 이 선의의 위력은 대단하다. 사회가 냉정해 보이지만 선의가 있는 사람의 실수라면, 한 번쯤은 아량으로 포용해주기도 한다.

'기브 앤 테이크give and take'는 일대일 인간관계에서만 해당하는 일이 아니다. 세상은 주고받는 것이다. 시간이 걸릴 수는 있지만 세상도 주는 만큼 돌려준다. 큰 사업을 하는 분 중엔 기부나 어려운 이웃을 돕는 활동을 하는 분들이 참 많다. 1년 매출이 1천억 원이 넘는 교육회사를 이룬 분이 식사 자리에서 이런 이야기를 했다. "사업 초기부터 적은 금액으로라도 기부를 해왔어요. 그땐 주고 나면 빠듯할 정도였는데 그래도 그때가 있어 지금의 제가 있는 것 같습니다." 기부가 꼭 돈만을 의미하지는 않는다. 무거운 짐을 들고 가는 어르신을 봤을 때, 몸이 불편한 사람을 대중교통에서 만났을 때, 우리가 할 수 있는 선의가 담긴 행동에는 많은 것들이 있다. 인생의 씨앗들을 많이 뿌려놓자. 언젠가 꼭 어디서든 돌아온다. 가장 먼저 돌아오는 건 행복감일 것이다.

한 가지 덧붙이자면, 각자가 하는 일을 단순히 생계를 위한 직업으로 바라볼 것이 아니라 누군가를 돕고 있는 일로 재조명해보자. 일에 대한 소명이 생기고, 그런 마음은 반드시 상대방에게 전해진다. 또한 그것은 반드시 매출에도 영향을 미치게 된다. 이것은 덤이다.

예를 들어, 피부숍을 운영한다고 치자. 고객의 피부를 관리하는 것은 단순히 매출을 올리는 행위를 넘어 고객의 피부에 도움이 되는 행위다. 회원권을 끊어야 내게 매출이 생긴다고 생각하며 하는 말과 고객에게 도움이 된다는 믿음을 갖고 하는 말에는 차이가 있다. 말의 힘이 달라진다.

선한 마음을 품고 사람들에게 도움을 주려는 태도를 갖추자. 매출은 자연히 따라온다.

'치심자 득천하治心者 得天下(마음을 다스리는 자 천하를 얻는다)**' 라고 했다.**
마음을 선하게 다스리면 우리의 인생에 생각지도 못한
더욱 선한 일들을 불러온다.

주하표 한마디!

머릿속 1 대 1 공식부터 지워라

미국의 보험왕 더비에 대한 유명한 일화가 있다. 그는 보험 세일즈를 하기 전에 금광을 찾아다녔다. 그렇게 찾아다녔지만 한 조각의 금도 나오지 않았다. 결국, 채굴을 중단하고 견디다 못해 장비를 헐값에 팔게 되었다. 재미를 본 건 장비를 샀던 고물상 주인이었다. 더비가 채굴을 멈춘 데서 채 1미터도 떨어지지 않은 곳에서 엄청난 금이 쏟아져 나온 것이다. 그 소식을 들은 더비는 뼈저리게 후회했다. 1미터만 더 팠었다면, 그 금은 더비의 것이었기 때문이다. 그 후 보험회사에 입사한 그는 금광에서의 교훈을 바탕으로 절대 포기하지 않는 세일즈맨이 되어 큰 성공을 거둔다.

노력했는데도 성공하지 못했다고 말하는 사람들에게는 공통점이 있다. 바로 머릿속에 '1 대 1 공식'이 들어 있다는 사실이다. 내가 뭔가 하나를 실행하면 결과도 바로 뒤따라야 한다고 생각한다.

이런 사고에는 두 가지 폐해가 있다.

첫째, 대인관계에서도 내가 하나를 줬으면 상대방에게서 내가 원하는 무언가를 받아야 한다고 생각한다. 예를 들어, 내가 누군가에게 선물했다면 그에 걸맞은 감동한 모습이라든가, 고맙다는 피드백 내지는 내심 다른 대가나 이득을 생각한다. 문제는 세상 모든 사람이 나와 같지 않다는 것이다. 그래서 혼자 기대하고 속상해하는 사람들이 있다. 기업을 잘 이끌어가는 어느 여성분이 성공의 비결을 묻는 내게 이렇게 말했다. "인생에 베풂 같은 씨앗을 많이 뿌려두면 생각지도 못한 데서 열매를 맺고 10년, 20년 뒤엔 반드시 돌아오더라. 젊을 때 여기저기 씨앗을 많이 뿌려야 나중에 추수할 게 많은 법이지. 나도 젊을 때 아무

일도 일어나지 않는 것 같았는데 살다 보니 다~ 돌아왔더라." 그러니 더 많이 베풀라는 조언이었다.

일이 되게 하는 사람들은 대부분 자신이 내줄 수 있는 자원을 기꺼이 내주겠다는 각오가 되어 있다. 그것은 시간일 수도, 노력일 수도, 금전일 수도 있다. 내 것을 최대한 아끼면서 얻으려고만 하는 사람과 좋은 관계를 위해 계산 없이 주는 사람 중 어떤 사람과 함께하고 싶은가? 내가 먼저 조급함을 버리고 계산 없이 주는 사람이 되어보자.

둘째, 한 번의 노력으로 할 일을 다 했다고 생각하고 더 이상의 시도를 하지 않는 경우다. 열심히 노력했는데 수강생 모집이 안 된다는 학원의 업무 패턴을 추적해본 적이 있다. 뚜껑을 열어보니 그는 한 번 전단지를 만들어서 배포한 것으로 모든 노력을 다했다고 생각했다. 전단지 작업은 그것 자체로 모객이 되지 않는다. 전단지는 잠재 고객이 연락할 수 있게 하는 수단일 뿐이고, 그 후부터가 진짜 마케팅의 시작이다.

어디 마케팅뿐이겠는가. 목표를 이루는 과정에 한 가지 노력만으로 성공하는 경우는 거의 없다. 나는 '우보천리牛步千里',

'대기만성大器晩成'이라는 말을 참 좋아한다. 계속 노력하다 보면 가랑비에 옷 젖듯이 반드시 좋아진다!

살면서 내가 원하는 대로 되는 일이 없었다고 생각한다면 운을 탓하기 전에 먼저 머릿속에 1 대 1 공식이 자리 잡고 있지는 않은지 점검해보자. 전화 한 번에 제안이 받아들여지고, 광고 한 번에 물건이 불티나게 팔리고, 복권 한 번 샀는데 당첨이 되고, SNS에 글 하나 올린 것으로 모객이 되고… 이런 일들을 당신이 원하는 것은 아닌지 말이다.

시도해보고 결과가 내 마음 같지 않다면 원인을 분석해서 다른 방법을 찾아야 한다. 잘되는 사람들은 목표처럼 안 되었을 때 '방법을 바꿔가며 될 때까지 하는 힘'과 '수용력'이 대단하다는 것을 자주 느낀다.

내가 뭔가를 하면 결과도 바로 따라주어야 한다고 생각하는 1 대 1 공식에서 벗어나, 1년 혹은 5년 뒤를 위하여 열심히 인생의 씨앗을 뿌려두자.

주하표 한마디!

부자가 되고 싶다면 '안, 불, 못'을 말하지 마라

세계 최고의 홈런왕 베이브 루스는 10개의 홈런만 쳐도 홈런왕이 되던 시절에 무려 54개의 홈런을 쳐내는 기록을 세운 전설적인 타자다. 당시에는 한 팀의 홈런 총계가 50개를 넘지 않던 시절이라 그의 기록은 세계를 놀라게 할 만큼 대단한 것이었다. 베이브 루스 덕분에 인기 없던 야구가 미국의 국민 스포츠로 자리매김했으며, 투수 중심의 미국 야구가 타자 중심으로 변화했다. 하지만 이렇게 유명한 홈런왕 베이브 루스가 실제로는 '스트라이크 아웃의 신기록 보유자'이기도 하다는 사실을 아는 사람은 많지 않다. 그는 무려 1,330회나 스트라이크 아웃을 당한 화려한 기록도 가지고 있다. 이처럼 아웃(실패)을 두려워하지 않고 과감히 스윙(도전)을 하면 홈런의 짜릿함을 느낄 수 있다.

실패할까 봐 두려워 행동하지 못하는 사람들에게 '남이섬의 신화'를 이룬 강우현 부회장님이 해준 말은 큰 도움이 된다. 우리가 완벽하게 준비하고 시작하려다 보면, 아무것도 못 하게 되니 '우선 만만한 것부터 시작하라'라고 그는 말한다.

그가 처음 남이섬을 바꾸겠다고 마음먹었을 때 주변에서는 온갖 부정적인 이야기만 반복했다고 한다. 어떻게 여기가 변하겠느냐고 말이다. 그러나 그는 그 말들에 크게 구애받지 않고 자신이 할 수 있는 일부터 조금씩 바꿔나가기 시작했다. 일단 벽 하나에 그림을 그리고 나서 다른 건 생각하지 않는 것이다.

'언제 여기를 다 꾸미지?', '할 수나 있을까?', '겨우 여기 벽만 바뀌었네?'라고 생각했다면 지금의 남이섬이 존재했을까? 그런 이유로 그는 '안, 불, 못'과 같은 부정적인 말은 절대 하지 말라고 조언했다. '안 돼, 불가능해, 못 해'와 같은 말들이다.

60억 적자에서 100억대 매출로 바꾼 소소한 시작

남이섬은 북한강 한가운데 있는 대한민국 대표 관광지이자 서울, 제주도, 부산 다음으로 외국인 관광객을 가장 많이 볼 수 있는 곳이다. 한국인이 꼭 가봐야 할 관광 100선에 꼽힌 곳이기도 하다. 남이섬이 처음부터 그랬던 건 아니다. 남이섬은 2000년도 이전과 이후가 너무나 다른 곳이다. 2000년도 전에는 흔하디흔한 유원지 중 하나였고, 찾아오는 이도 얼마 없어서 거의 버려진 느낌이 강했다. 그러다 2000년도부터 도산 직전의 남이섬이 연간 330만 명이 찾아오는 핫플레이스로 변신했다. 도대체 그때 무슨 일이 있었던 걸까?

얼마 전, 우리 수강생들과 함께 '매출 UP! 투어'의 하나로 남이섬을 다녀왔다. 적자일 때 영입된 후 흑자 경영으로 전환한 화제의 주인공인 부회장님의 초대를 받아 그 노하우를 듣는 시간을 가졌다.

회생 불가, 대출 불가. 모든 것이 불가능이었던 이곳을 바꾼 건 다름 아닌 남다른 아이디어였다. 적자만 해도 60억 이상이어서 대출이 나오지 않았던 터라 그때부터는 오히려 돈에서 벗어나 자유롭게 상상했다고 한다. 큰돈 들이지 않고 할 수 있는 아이디어들을 떠올리기 시작했고, 곧장 실행에 옮겼다.

부회장님은 자신의 저서에서 '관광이란 무엇인가? 볼 관觀에 빛 광光, 빛 광 자는 영어로 플래시다. 관광이란 그저 사진 찍힐 곳이 많으면 되는 거다'라고 했다. 이 생각을 바탕으로 남이섬 안에 각종 문화예술 행사와 미술품들을 만들었다. 우선 골칫덩이였던 술병과 폐기물들을 이용해 작품으로 승화시켰다.

2006년부터는 남이섬을 '나미나라공화국Naminara Republic'으로 칭하고 독자적인 특수 관광지로 만들었다. 화폐와 국기를 따로 만들고, 산책로와 식당, 공연장, 타조사육장, 정원, 놀이기구, 기념품점 등등 다양한 즐길거리와 놀거리를 비치했다. 가을철 낙엽이 많을 때는 낙엽을 하트 모양으로 꾸미거나 길을 내주기도 하면서 포토존으로 탈바꿈시킨 것도 인상적이다. 겨울에는 밤새 물을 뿌려 고드름을 만들어 겨울 분위기가 한껏 나게 했다. 이러한 노력이 쌓이고 쌓여 입소문으로 이어졌고, 오늘날 최고의 관광지가 되었다.

지금도 남이섬은 끊임없는 변화와 다양한 시도를 하고 있다.

그러다 보니 매해 찾아가도 새로운 곳이라는 인상을 받는다.

당신이 일하는 곳에서나 직접 매장을 운영하고 있다면 손님이 없는 시간에 가만히 있지 말고 뭐라도 시도해보자. 하다못해 인테리어를 조금씩 바꿔 포토존을 꾸며본다든지 나가서 창문이라도 닦아보자. 지나가는 사람들에게 활짝 웃으며 인사하는 것도 매장의 이미지를 긍정적으로 바꿀 수 있는 간단한 방법이다. 아무것도 하지 않으면 아무 일도 일어나지 않는다. 매사 변화를 시도하려고 궁리하다 보면 남이섬 같은 극적인 변화가 일어날 수도 있다.

혹시 큰 그림을 그리려다 보니 붓도 못 잡고 있는가? 그 시간에 팔레트에 물감을 짜고 자신 있는 부분부터 그리기 시작해보자.

제일 훌륭한 사람은 무엇인가를 실행해서 성공한 사람이고, 두 번째로 훌륭한 사람은 무엇인가 실행하다가 실패한 사람이다. 그리고 순위에 아예 끼지도 못하는 사람은 아무것도 안 하고 그래서 아무 일도 일어나지 않는 사람이다. 무언가를 하다가 실수할 수 있다. 그러나 당신이라면 그 실수를 발판으로 '성공의 실마리'를 반드시 찾아낼 것이다. 우리의 삶은 성공과 축복으로 가득 찰 것이다. 위에 나온 홈런왕 베이브 루스처럼 말이다.

당신의 인생에 홈런이 가득하기를!

잃을 것이 없다면 지금 당장 도전하지 못할 이유가 무엇인가?
아무것도 하지 않으면 아무 일도 일어나지 않는다.
어떤 일이 일어나길 바란다면, 지금 바로 배트를 휘두르자.

주하표 한마디!

술병과 쓰레기들이 나뒹굴고 황폐하게 버려졌던 섬.
관광객이 거의 없어서 도산 직전이었던 이 섬이
어떻게 연간 '330만 명'이 다녀가는
핫플레이스로 바뀌었을까?

사소한 말 한마디의 힘

EPILOGUE

지금까지 우리는 '좀 더 매력적으로 꽂히는 말센스'에 대해 생각해봤다. 내가 말센스로 글을 쓴 이유는 '사소한 말 한마디'가 어떠한 차이를 만드는지를 수많은 사례와 사람들을 통해 느껴왔기 때문이다. 그리고 그보다 더욱 중요한 것이 하나 있다. 앞에서도 강조해왔듯, 아는 데서 그치는 것이 아니라 '바로 실천해봐야 한다는 것'이다.

우리는 매일 누군가와 소통하며 살아가면서 놀랍게도 말의 중요성에 대해 간과하곤 한다. 평소에 내가 어떤 말을 하고 있는지를 살펴보자. 반드시 인생의 큰 차이를 만든다. 좋아하는 말 중에 영국 수상이었던 마거릿 대처의 명언이 있다.

생각을 조심하라, 그것이 너의 말이 된다.
말을 조심하라, 그것이 너의 행동이 된다.
행동을 조심하라, 그것이 너의 습관이 된다.
습관을 조심하라, 그것이 너의 운명이 된다.

모든 것의 출발점이 생각과 말이다.

수많은 사람의 인생에 변화를 일으키기 위해 힘써오면서 느낀 바가 있다. 오랜 세월 굳어진 관성과 습관을 바꾸려면 강력한 '스위치'를 켜줘야 한다는 것이다. 예를 들어, 어린 시절 부모님에게 듣고 커왔던 '너는 뭘 해도 안 돼'라는 믿음을 제거해줘야 한다거나, 마음속 두려움을 깨트려줘야 한다거나, 성공할 수 있다고 믿는 자아상을 갖게 한다거나 등등 말이다.

나는 지금까지 매출을 올리는 수업과는 별개로 '관계 치유, 임종 체험'과 같은 수업도 진행해왔다. 부모교육, 부부교육, 직원교육 등을 재능기부로 하기도 한다. 각자가 가지고 있는 벽을 깨고 나올 수 있게 도움을 주고 싶어서다.

이 책을 읽고 있는 나의 당신도 이 책을 통해 조금이나마 변화의 '스위치'가 켜졌으면 하는 바람이다. 혹시 주변에 함께 잘되기를 원하는 분이 있다면 그분에게도 이 책을 선물하여 돈과 사람을 끌어당기는 우리가 되기를 바라본다. 여기서 꼭 짚어보고 싶은 건 돈이 많다고 과연 행복한 삶일까? 그래서 나는 모든 것이 조화로운 여러분이 되기를 바란다. 돈뿐만 아니라 관계, 마인드, 관점의 부자로 풍요로운 우리가 되기를….

성경에 이런 이야기가 있다.

'주라! 그리하면 너희에게 줄 것이니 곧 후히 되어 누르고 흔들어 넘치도록 하여 너희에게 안겨 주리라.'

나는 이것을 '베풂 누적의 힘'이라고 부르는데, 한 가지 크게 느끼는 바가 있다. 놀랍게도 베풀며 지냈더니 갈수록 더욱더 많이 베풀 수 있는 환경으로 계속해서 내 삶이 바뀌어왔다. 복의 씨앗을 미리 심고 거둘 수 있는 우리가 되기를 소망해본다. 작은 것이어도 상관없다. 돈이 들지 않는 것이어도 상관없다. 밝은 웃음이든, 응원하는 말이든, 따뜻한 시선이든.

상대방에게 마음껏 베풀기를 바라며….

마지막으로 이 책이 나오기까지 많은 분의 도움을 받았습니다. 모든 분께 감사합니다. 특히 쌍둥이횟집 사장님과 우리 회사 식구들, 심길후 회장님께 고마운 마음을 전합니다.

우리가 있는 곳 '전방 100미터를 밝혀라'

주하효과 김주하 드림

돈과 사람을
끌어당기는
부자의 말센스

초판 1쇄 발행 2020년 4월 29일
초판 16쇄 발행 2024년 5월 16일

지은이 김주하
펴낸이 최순영

출판1 본부장 한수미
와이즈 팀장 장보라
디자인 디자인아임
기획 이진아콘텐츠컬렉션

펴낸곳 ㈜위즈덤하우스 **출판등록** 2000년 5월 23일 제13-1071호
주소 서울특별시 마포구 양화로 19 합정오피스빌딩 17층
전화 02)2179-5600 **홈페이지** www.wisdomhouse.co.kr

ISBN 979-11-90630-34-4 03320